도올만화논어 2

도올만화논어 2
위정·팔일

공자 원작 | 도올 역주 | 보현 만화

통나무

도올 만화 논어 2
차례

9
위정제이(爲政第二)

2-1	子曰:"爲政以德, 譬如北辰居其所而衆星共之。"· 10
	자왈 위정이덕 비여북신거기소이중성공지

2-2	子曰:"詩三百, 一言以蔽之, 曰:'思無邪。'"· 18
	자왈 시삼백 일언이폐지 왈 사무사

2-3	子曰:"道之以政, 齊之以刑, 民免以無恥;"· 26
	자왈 도지이정 제지이형 민면이무치

2-4	子曰:"吾十有五而志于學, 三十而立, 四十而不惑,"· 39
	자왈 오십유오이지우학 삼십이립 사십이불혹

2-5	孟懿子問孝。子曰:"無違。"· 53
	맹의자문효 자왈 무위

2-6	孟武伯問孝。子曰:"父母唯其疾之憂。"· 65
	맹무백문효 자왈 부모유기질지우

2-7	子游問孝。子曰:"今之孝者, 是謂能養。"· 68
	자유문효 자왈 금지효자 시위능양

2-8	子夏問孝。子曰:"色難。有事, 弟子服其勞;"· 71
	자하문효 자왈 색난 유사 제자복기로

2-9 子曰:"吾與回言終日, 不違, 如愚. 退而省其私, 亦足以發." · 74
자왈 오여회언종일 불위 여우 퇴이성기사 역족이발

2-10 子曰:"視其所以, 觀其所由, 察其所安. 人焉廋哉? 人焉廋哉?" · 78
자왈 시기소이 관기소유 찰기소안 인언수재 인언수재

2-11 子曰:"溫故而知新, 可以爲師矣." · 81
자왈 온고이지신 가이위사의

2-12 子曰:"君子不器." · 84
자왈 군자불기

2-13 子貢問君子. 子曰:"先行, 其言而後從之." · 93
자공문군자 자왈 선행 기언이후종지

2-14 子曰:"君子周而不比, 小人比而不周." · 95
자왈 군자주이불비 소인비이부주

2-15 子曰:"學而不思則罔, 思而不學則殆." · 97
자왈 학이불사즉망 사이불학즉태

2-16 子曰:"攻乎異端, 斯害也已." · 99
자왈 공호이단 사해야이

2-17 子曰:"由! 誨女知之乎! 知之爲知之, 不知爲不知, 是知也." · 103
자왈 유 회여지지호 지지위지지 부지위부지 시지야

2-18 子張學干祿. 子曰:"多聞闕疑, 愼言其餘, 則寡尤; · 106
자장학간록 자왈 다문궐의 신언기여 즉과우

2-19 哀公問曰:"何爲則民服?" · 112
애공문왈 하위즉민복

2-20 季康子問:"使民敬忠以勸, 如之何?" · 115
계강자문 사민경충이권 여지하

2-21 或謂孔子曰:"子奚不爲政?" · 118
혹위공자왈 자해불위정

2-22 子曰:"人而無信, 不知其可也. 大車無輗, 小車無軏, · 122
자왈 인이무신 부지기가야 대거무예 소거무월

2-23 子張問:"十世可知也?" · 125
자장문 십세가지야

2-24 子曰:"非其鬼而祭之, 諂也. 見義不爲, 無勇也." · 131
자왈 비기귀이제지 첨야 견의불위 무용야

135 팔일제삼(八佾第三)

3-1 孔子謂季氏,"八佾舞於庭, 是可忍也, 孰不可忍也!"・136
공자위계씨　팔일무어정　시가인야　숙불가인야

3-2 三家者以雍徹。・140
삼가자이옹철

3-3 子曰:"人而不仁, 如禮何? 人而不仁, 如樂何?"・143
자왈　인이불인　여례하　인이불인　여악하

3-4 林放問禮之本。・146
임방문예지본

3-5 子曰:"夷狄之有君, 不如諸夏之亡也。"・151
자왈　이적지유군　불여제하지무야

3-6 季氏旅於泰山。・154
계씨여어태산

3-7 子曰:"君子無所爭。必也射乎!"・161
자왈　군자무소쟁　필야사호

3-8 子夏問曰:"巧笑倩兮, 美目盼兮, 素以爲絢兮.'何謂也?"・165
자하문왈　교소천혜　미목반혜　소이위현혜　하위야

3-9 子曰:"夏禮, 吾能言之, 杞不足徵也;・170
자왈　하례　오능언지　기부족징야

3-10 子曰:"禘自旣灌而往者, 吾不欲觀之矣。"・174
자왈　체자기관이왕자　오불욕관지의

3-11 或問禘之說。・177
혹문체지설

3-12 祭如在, 祭神如神在。・179
제여재　제신여신재

3-13 王孫賈問曰:"與其媚於奧, 寧媚於竈, 何謂也?"・184
왕손가문왈　여기미어오　영미어조　하위야

3-14 子曰:"周監於二代, 郁郁乎文哉! 吾從周。"・188
자왈　주감어이대　욱욱호문재　오종주

3-15 子入大廟, 每事問。・190
자입태묘　매사문

3-16 子曰:"射不主皮, 爲力不同科, 古之道也。"・194
자왈　사부주피　위력부동과　고지도야

3-17	子貢欲去告朔之餼羊。· 197
	자공욕거곡삭지희양
3-18	子曰:"事君盡禮, 人以爲諂也。"· 201
	자왈 사군진례 인이위첨야
3-19	定公問:"君使臣, 臣事君, 如之何?"· 203
	정공문 군사신 신사군 여지하
3-20	子曰:"關雎, 樂而不淫, 哀而不傷。"· 206
	자왈 관저 낙이불음 애이불상
3-21	哀公問社於宰我。· 210
	애공문사어재아
3-22	子曰:"管仲之器小哉!"· 218
	자왈 관중지기소재
3-23	子語魯大師樂, · 223
	자어노태사악
3-24	儀封人請見, · 228
	의봉인청현
3-25	子謂韶, "盡美矣, 又盡善也。"· 231
	자위소 진미의 우진선야
3-26	子曰:"居上不寬, 爲禮不敬, 臨喪不哀, · 233
	자왈 거상불관 위례불경 임상불애

235
논어해석사(論語解釋史)

245
논어집주서설(論語集註序說)

위정제이(爲政第二)

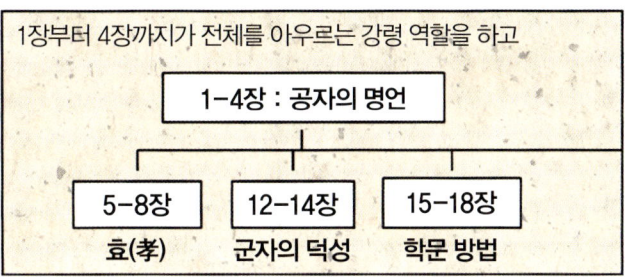

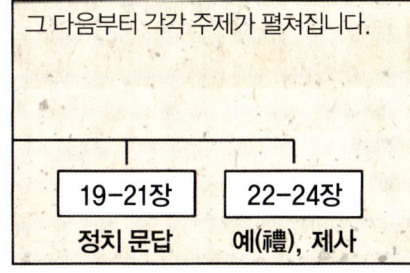

2-1 子曰:"爲政以德,
자왈 위정이덕

공자께서 말씀하셨다.

"정치를 하되
덕으로써 한다는 것은,

譬如北辰居其所而衆星共之."
비여북신거기소이중성공지

비유하면 북극성이 제자리에 머물러 있어도
나머지 별들이 그를 중심으로 고개 숙이고 도는 것과 같다."

위 정 이 덕	비 여 북 신	중 성 공 지
爲政以德	**譬如北辰**	**衆星共之**
정치를 하되 덕으로써 하다.	북극성에 비유하다.	모든 별들이 고개를 숙이고 돈다.
爲政 : 정치를 함 以 : ~로써	譬如 : ~에 비유하다 北辰 : 북극성	共 : 공(拱) : 두 손 맞잡다

[위정]편 첫머리를 장식하는 유명한 구절입니다.

정치를 하되 덕으로써 다스린다는 덕치(德治)에 대한 공자의 생각을 엿볼 수 있습니다.

지구의 북반구에 사는 사람들이라면 항상 볼 수 있는 별들이 있지요.

케페우스 / 작은곰 / 북극성 / 북두칠성 / 카시오페이아

공자의 시대에도 이런 별들이 있었을 것이고,

항성(恒星) : 붙박이 별이지만 지구의 자전으로 일정하게 도는 듯 보인다.

북극성과 주위의 별들을 천자를 모시고 서 있는 신하들의 모습으로 본 것입니다.

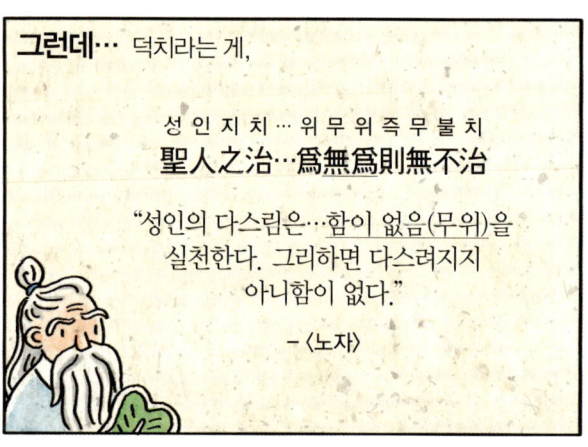

청정무위: 자연으로 돌아가 마음 가는 대로 살라는 가르침

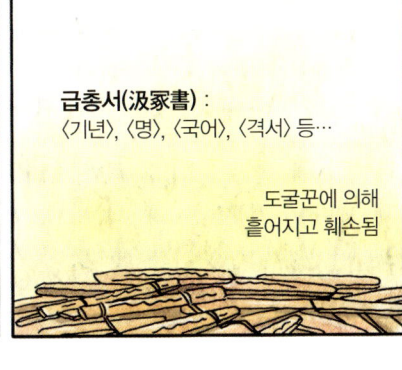

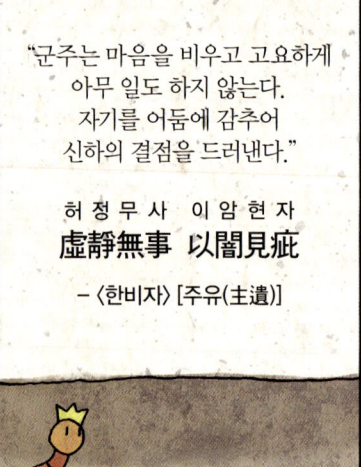

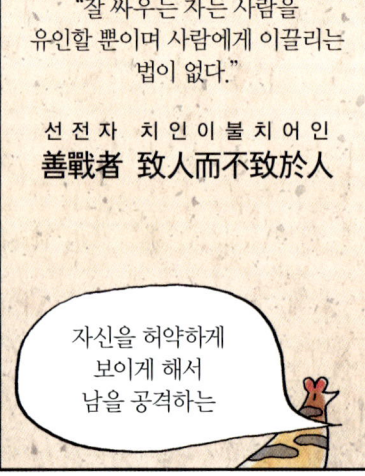

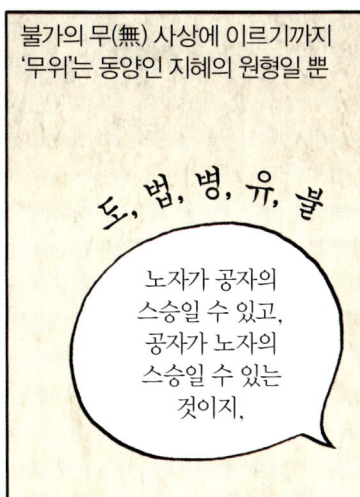

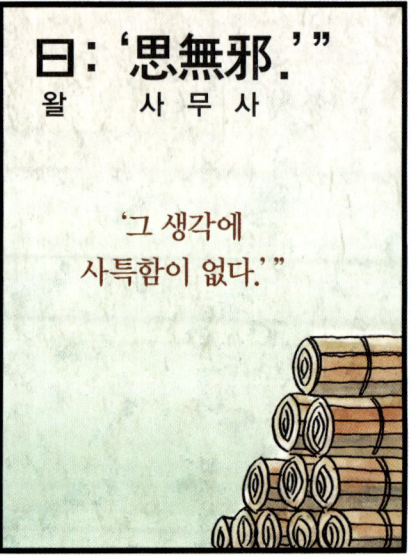

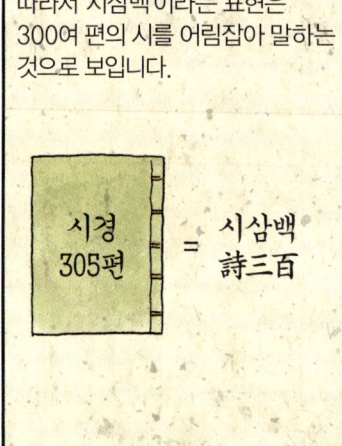

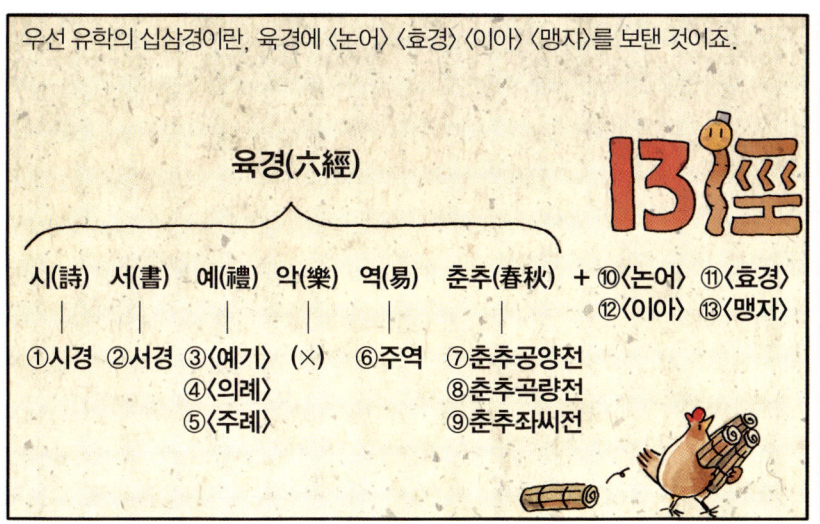
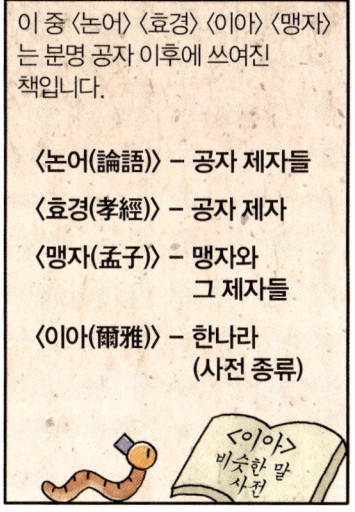
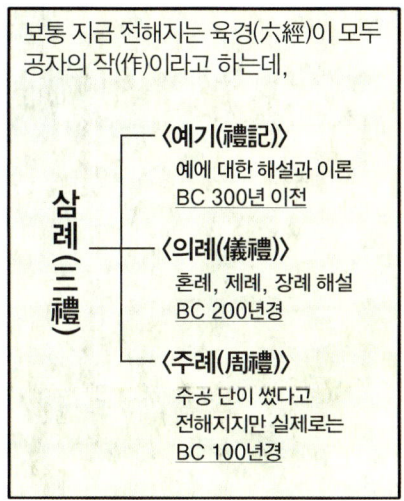
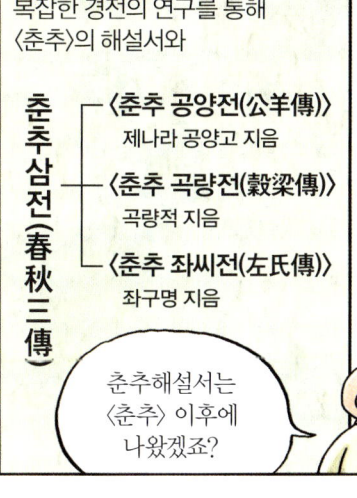
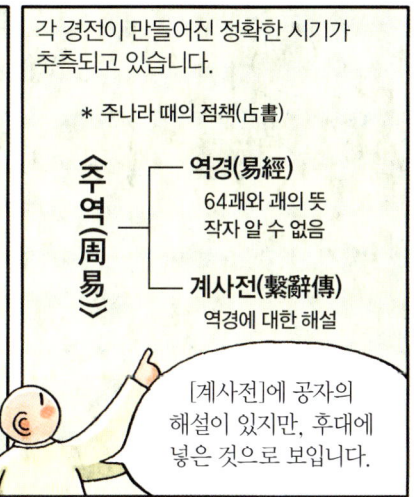

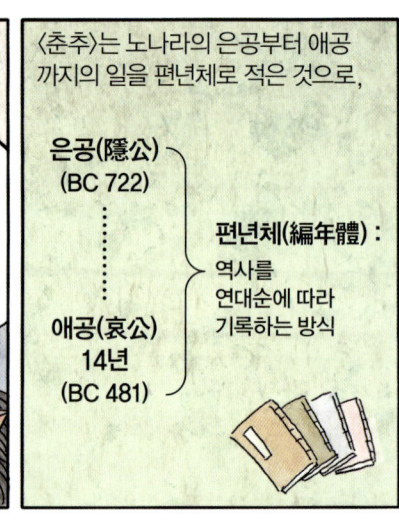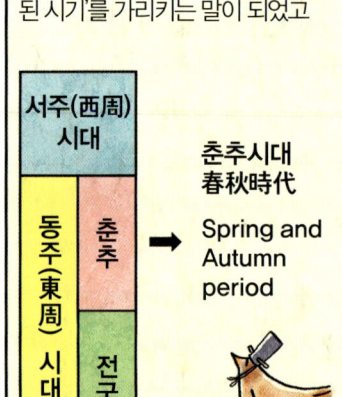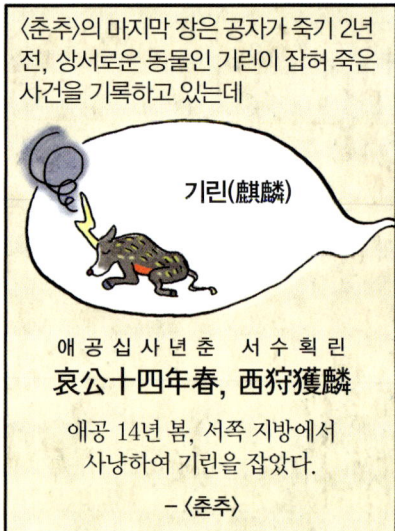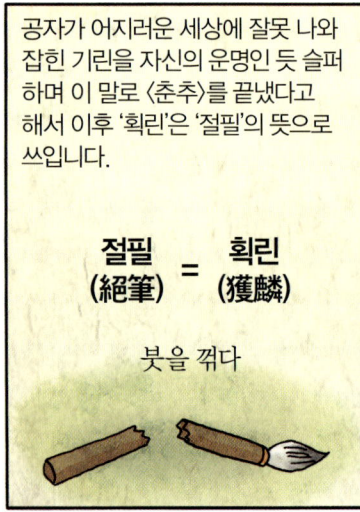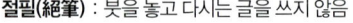

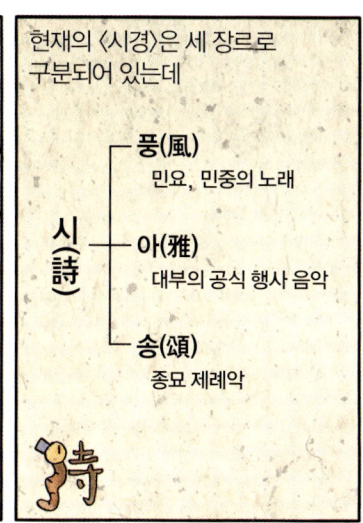

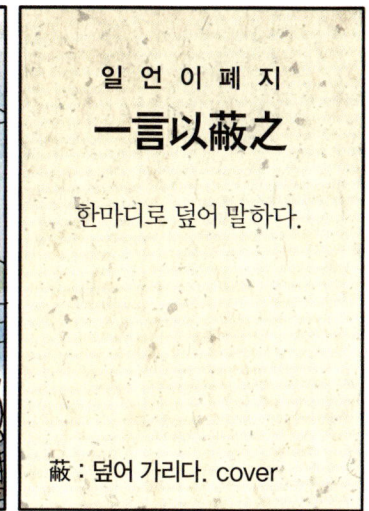
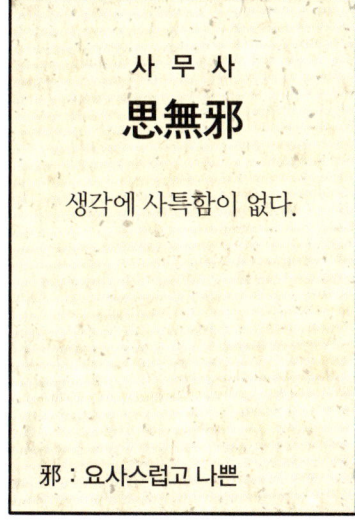

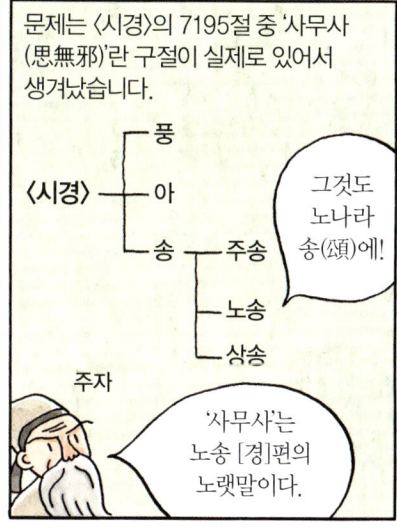
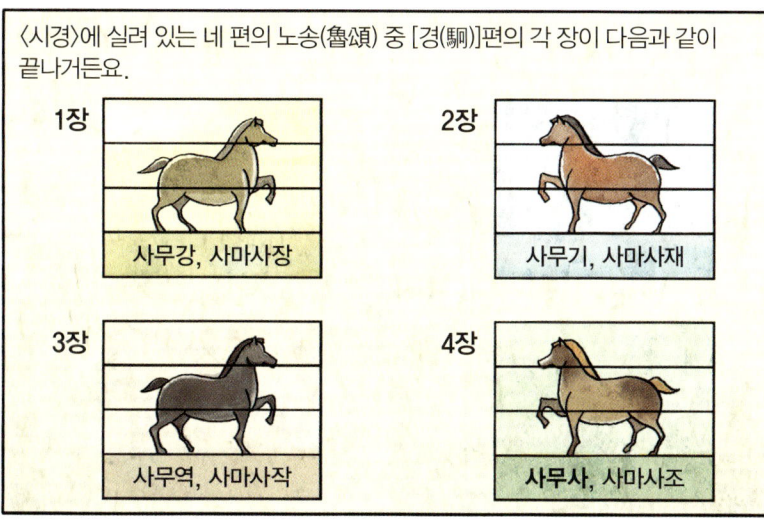

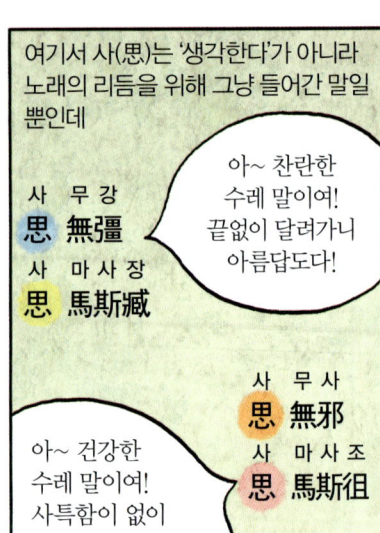

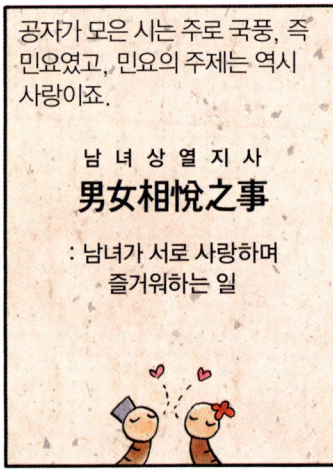

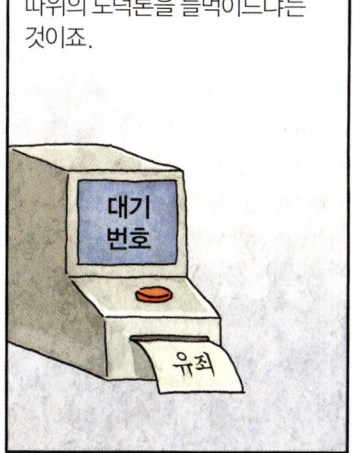

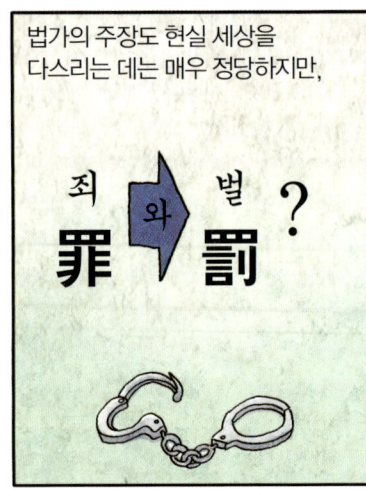
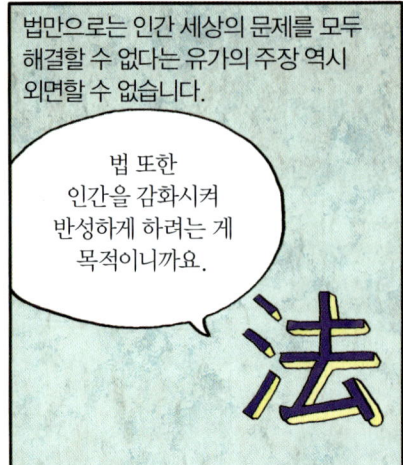

한비자의 법은 형법입니다.

형법(刑法) :
범죄와 형벌에 관한 법체계

지금의 우리도 '법' 하면 머릿속에 '형법'을 떠올리죠.

울면 경찰 아저씨가 잡아간다~

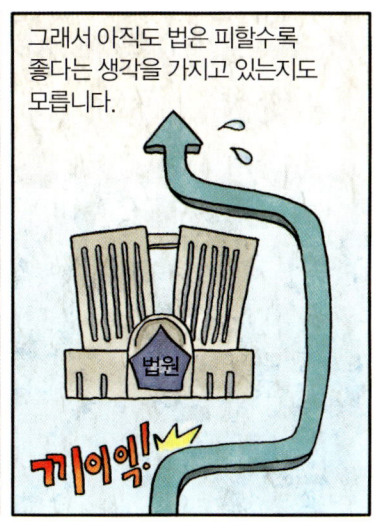
그래서 아직도 법은 피할수록 좋다는 생각을 가지고 있는지도 모릅니다.

민 면 이 무 치
民免而無恥

백성들이 모면하기만 할 뿐 부끄러움이 없다.

免 : 모면하다
恥 : 수치, 부끄러움

질서를 유지하기 위해서 오직 형벌 쓰는 것을 만능으로 알면

백성들은 모면할 생각만 하게 됩니다.

가만히 엎드려 있자구.

뉘우치지 않고 형벌을 모면키만 하려는 것은 수치를 모르는 것이요,

튀어~

법에 의해 질서가 잘 잡혀진 사회라 할지라도 수치를 모른다면

그 사회는 바람직한 사회가 아니기 때문에 '덕치(德治)'가 필요하다는 거죠.

난 그냥 재수가 없었을 뿐이고~!!

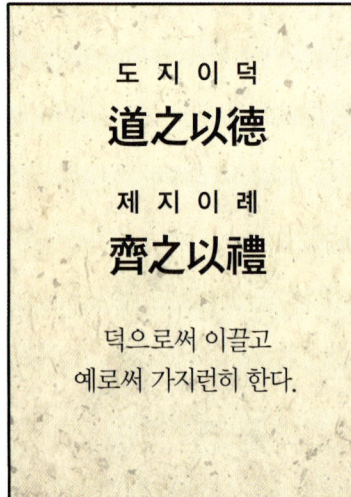
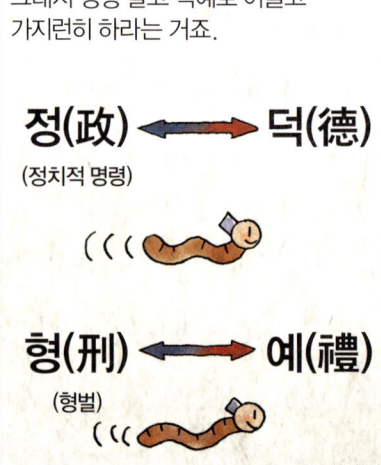

유치차격
有恥且格

부끄러움이 있을 뿐 아니라 떳떳해진다.

且 : 또
格 : 반듯하게 바로잡다

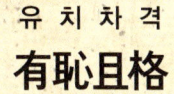

여기서 '유치'는 쉽게 해석이 되지만, '격' 자는 항상 논란이 되어 왔습니다.

유치(有恥) : 부끄러움이 있다.

격(格)의 해석은

고주(古注) : 바르게 하다. 정(正)의 뜻

주자 : 선(善)함에 이르다. 지(至)의 뜻

다산 : 감격, 감동의 뜻

셋 중 하나를 골라잡아?

그런데 최근 발견된 〈예기〉 [치의]편을 보면,

1993년, 중국 호북성 곽점(郭店) 분묘

BC 4세기 추정

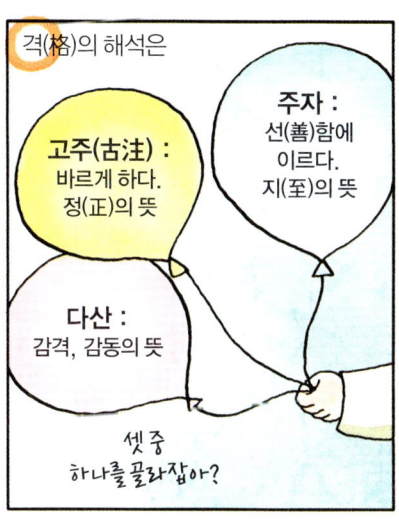

이 장의 내용과 거의 같은 자왈(子曰) 문장이 나오는데

[위정]편과 같은 시대에 만들어진 문헌으로 보입니다.

공자께서 말씀하셨다 : 대저 백성이란 덕으로 가르치고 예로써 가지런히 하면, 그들은 격심(格心)을 가지게 된다.

자 왈 부 민 교 지 이 덕   제 지 이 례   즉 민 유 격 심
子曰: 夫民敎之以德, 齊之以禮, 則民有格心.

정령으로써 가르치고, 형벌로써 가지런히 하면, 백성은 둔심(遯心)을 가지게 된다.

교 지 이 정   제 지 이 형   즉 민 유 둔 심
敎之以政, 齊之以刑, 則民有遯心.

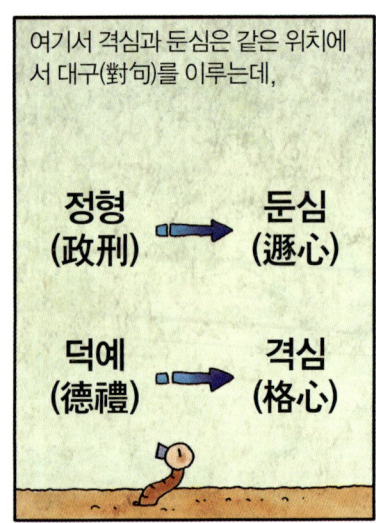

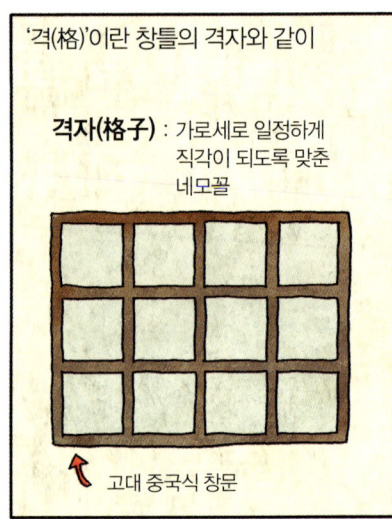
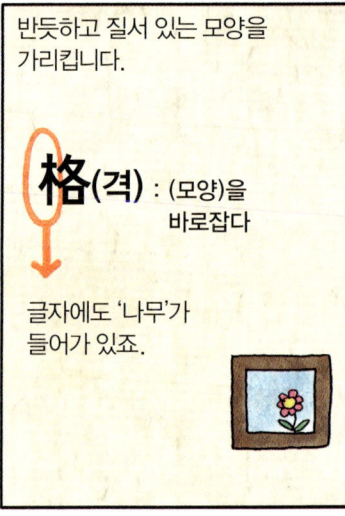

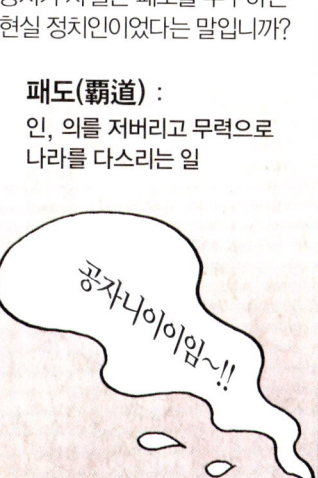

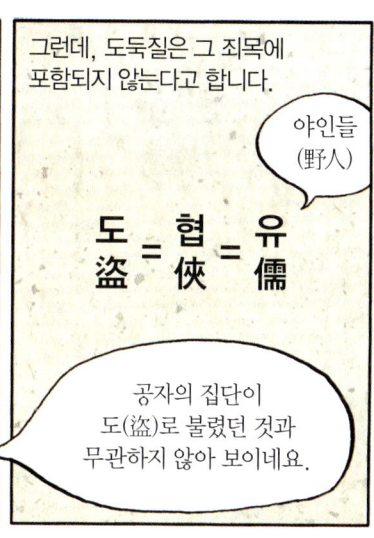
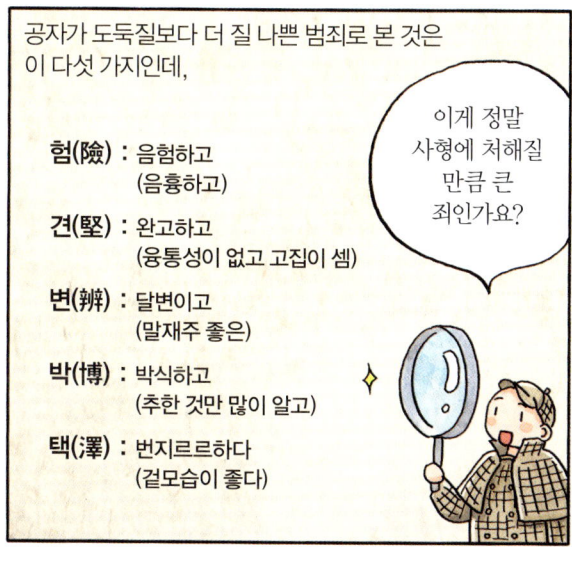

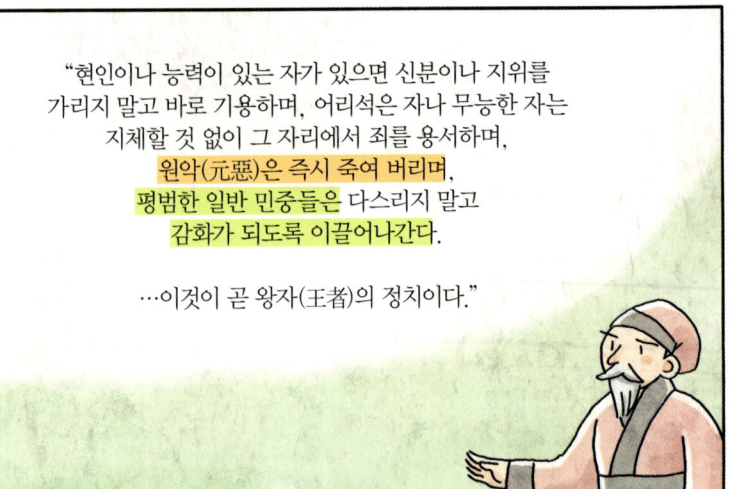

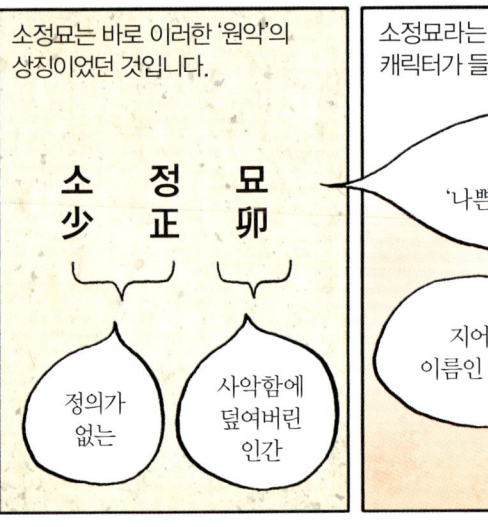

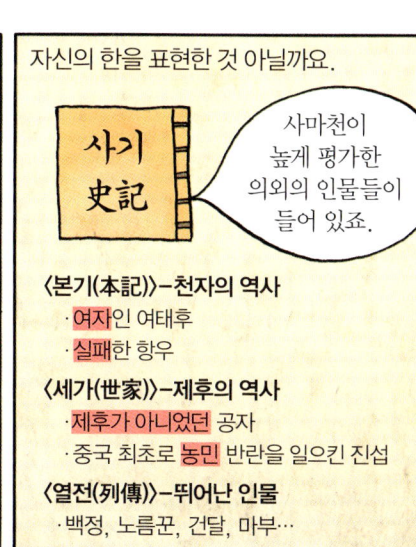

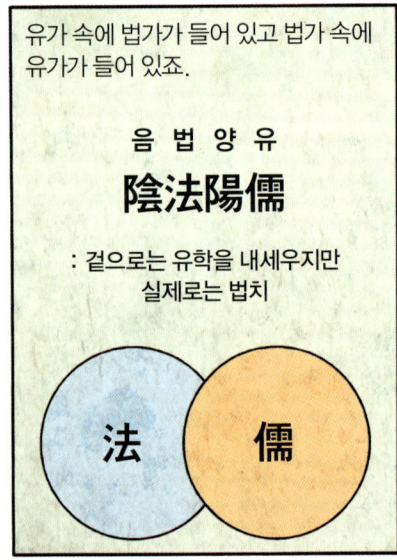

2-4 子曰:"吾十有五而志于學,
자 왈   오 십 유 오 이 지 우 학

공자께서 말씀하셨다.

"나는 열다섯 살에 학문에 뜻을 두었고,

三十而立, 四十而不惑,
삼 십 이 립   사 십 이 불 혹

서른 살에는 우뚝 섰으며
　　　　마흔 살에는 미혹됨이 없었고,

五十而知天命, 六十而耳順,
오 십 이 지 천 명   육 십 이 이 순

쉰 살에는 천명을 알았고,
　　　　예순 살에는 귀가 순해졌고,

七十而從心所欲, 不踰矩."
칠 십 이 종 심 소 욕   불 유 구

일흔 살에는 마음이 원하는 바를 따라도
법도에 어긋남이 없었다."

위정제이(爲政第二)

오 십 유 오 이 지 우 학
吾十有五而志于學

나는 열다섯에 학문에
뜻을 두었다.

吾 : 나
有 : 또(又), 그리고(and)

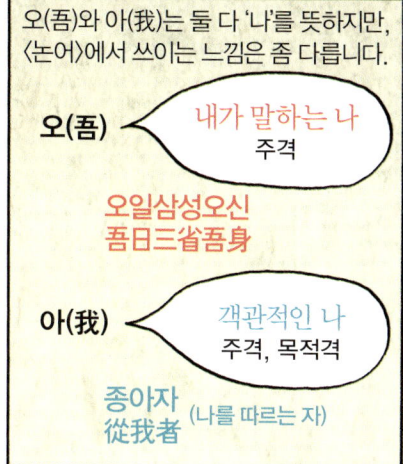

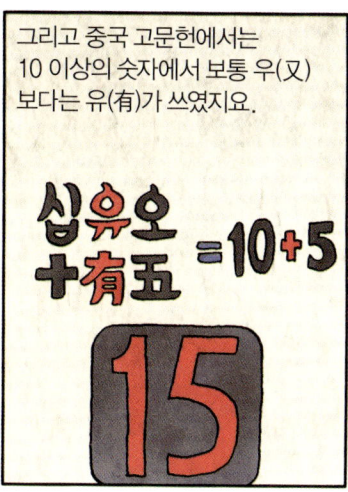

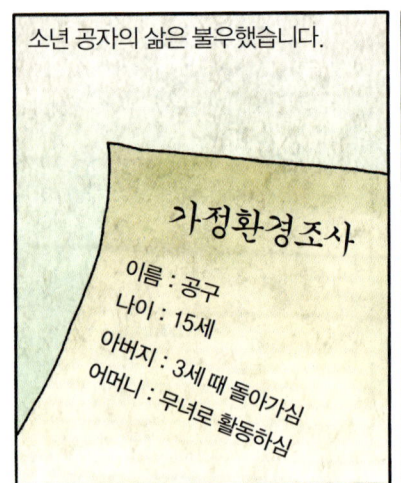
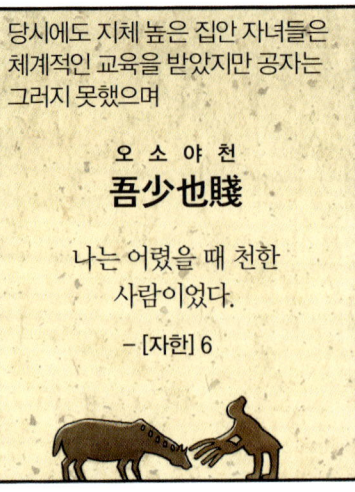

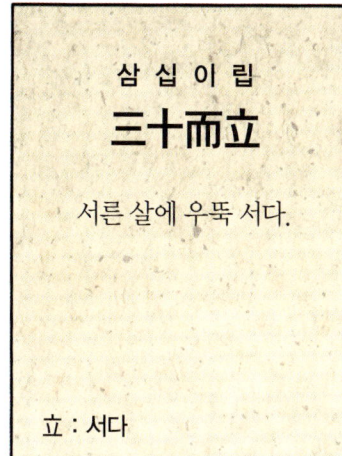

위정제이(爲政第二)

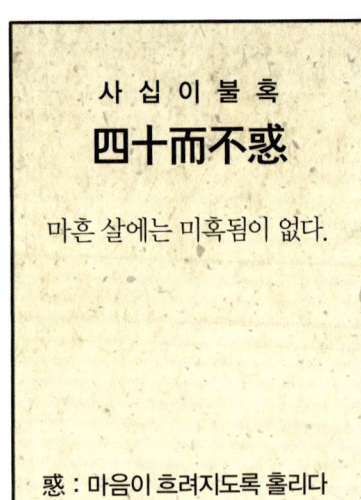

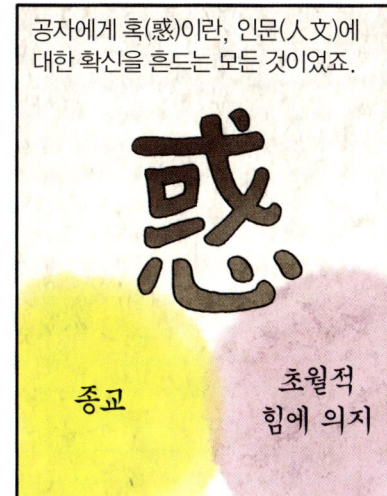
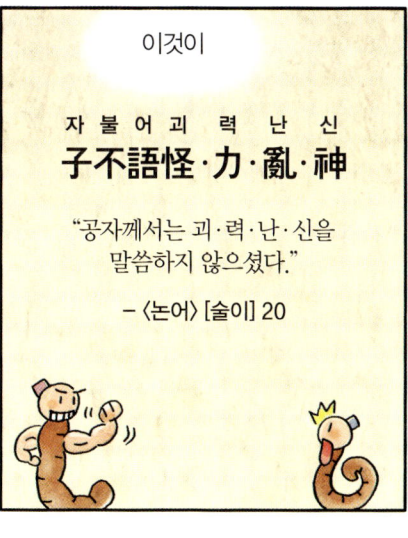

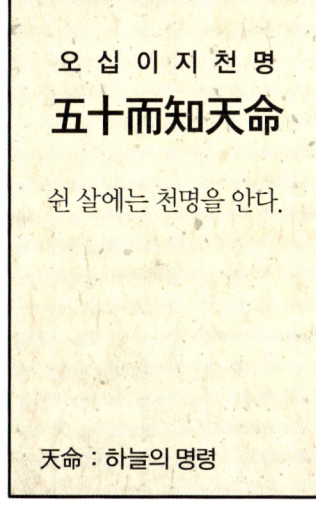

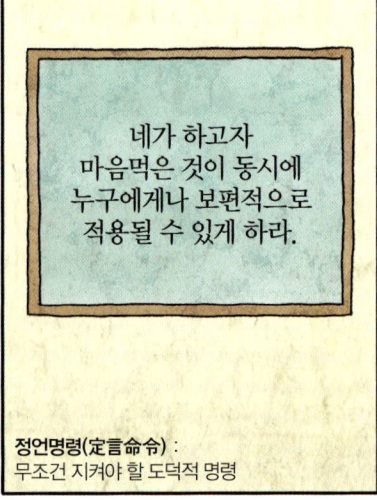

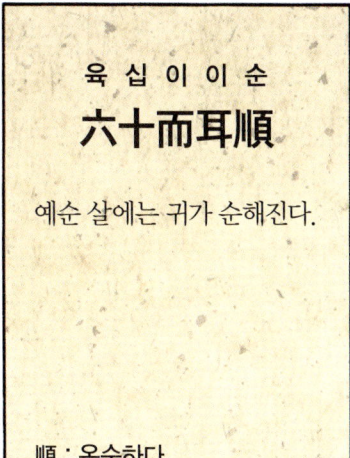

칠십이종심소욕 불유구
七十而從心所欲 不踰矩

일흔 살에는 마음이 원하는 바를 따라도 법도에 어긋남이 없다.

踰 : 넘다
矩 : 곱자, 곡척(曲尺), 기역자

이 공자 최후의 독백은 무엇을 의미할까요?

공자의 삶이 도달한 최후의 경지, 진정한 자유가 무엇인지 말해줍니다.

'종심소욕'이란 문자 그대로 '마음이 원하는 바를 따른다'는 것이죠.

'불유구'의 '유(踰)'는 '넘는다', '건넌다'의 뜻이고

수유리(水踰里)
: 물 건너 동네

'구(矩)'는 원래 목수들이 쓰는 'ㄱ'자 모양의 '곱자'를 말합니다.

구(矩) :
곱자, 곡척
곡자, 묵척

'기역'자

원을 그리는 기구인 '규(規)'와 함께 법도, 규칙, 기준을 의미하죠.

구규(矩規)

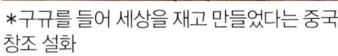

*구규를 들어 세상을 재고 만들었다는 중국 창조 설화

따라서 '불유구'는 '법도에 어긋나지 않는다'는 뜻이 됩니다.

내 마음이 원하는 바를 마음껏 따라가도 조금도 법도에 어긋남이 없는 것.

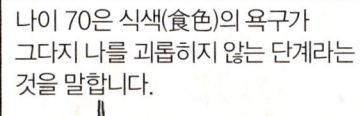

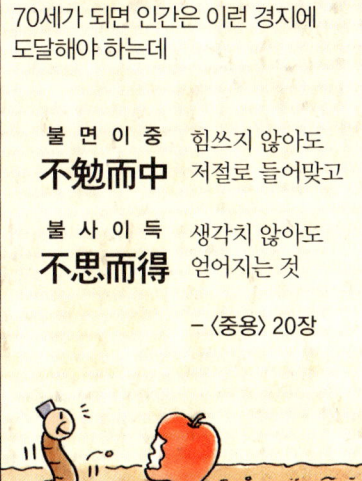

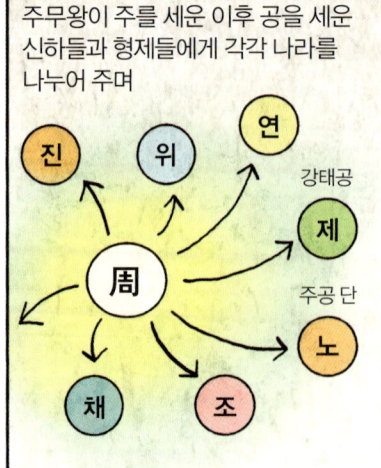

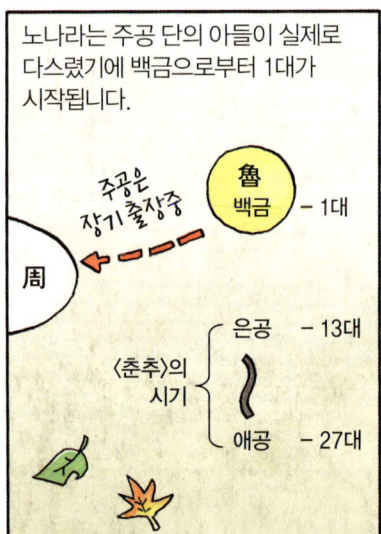

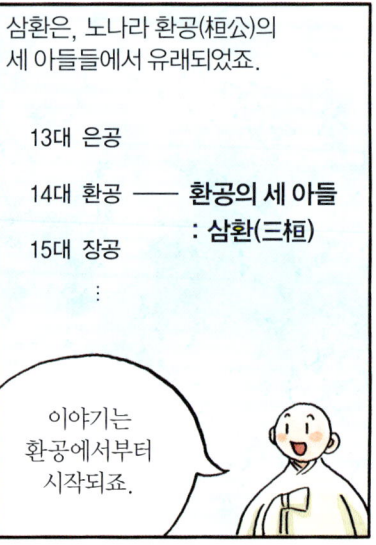

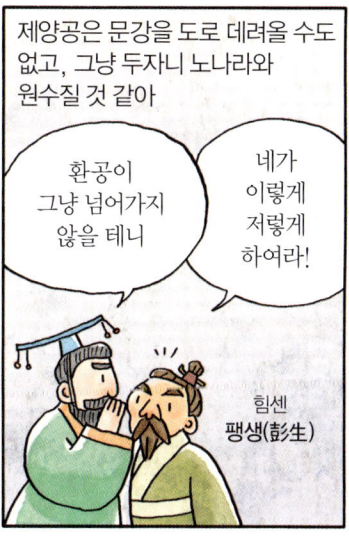

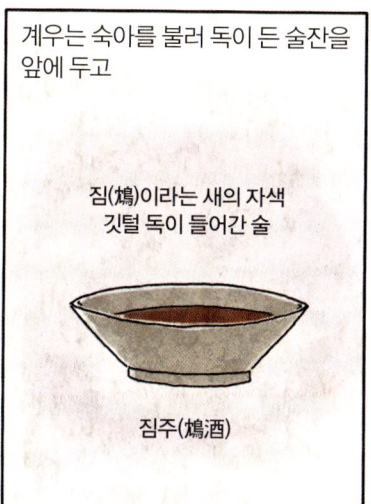

잉첩: 귀인에게 시집가는 사람을 시중드는 여자

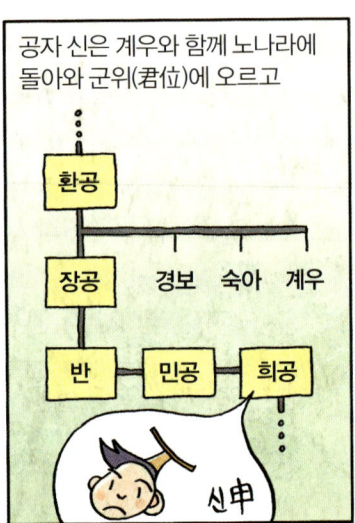

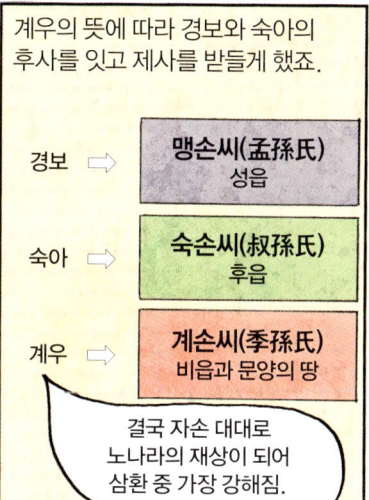

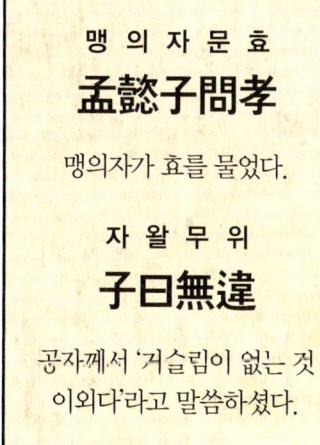

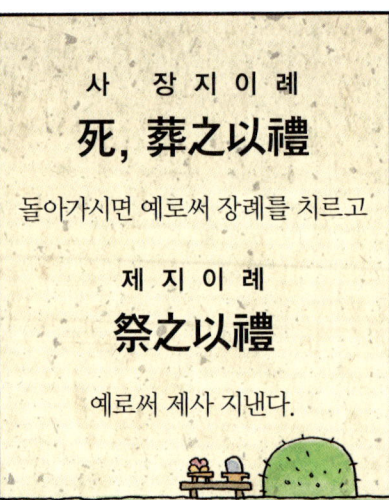

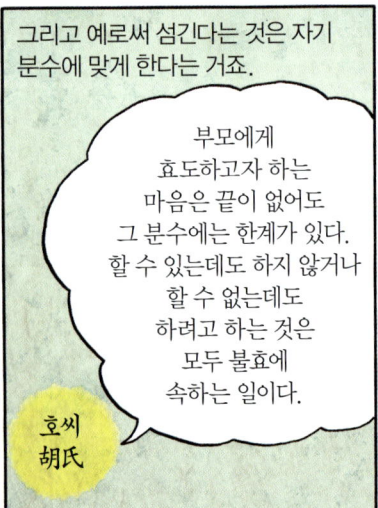

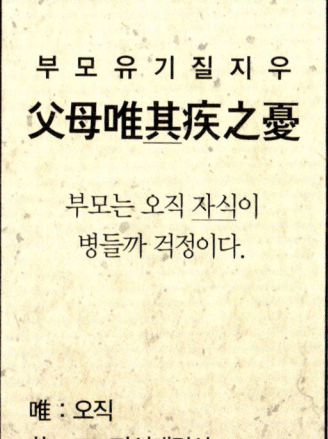

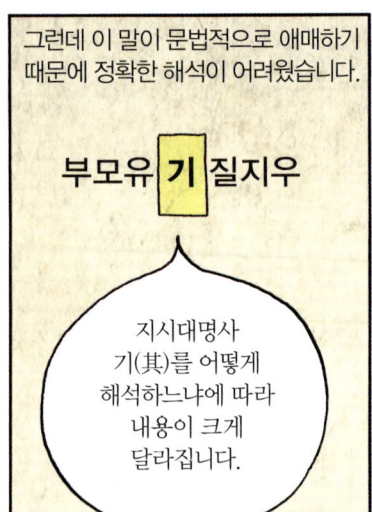

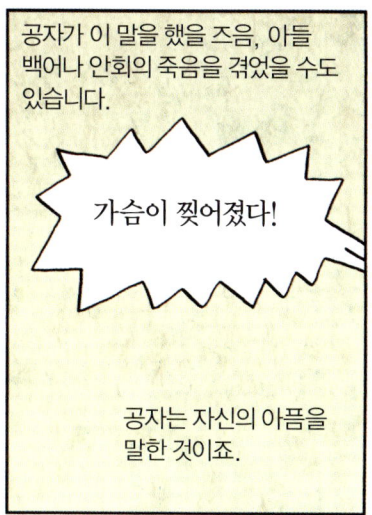

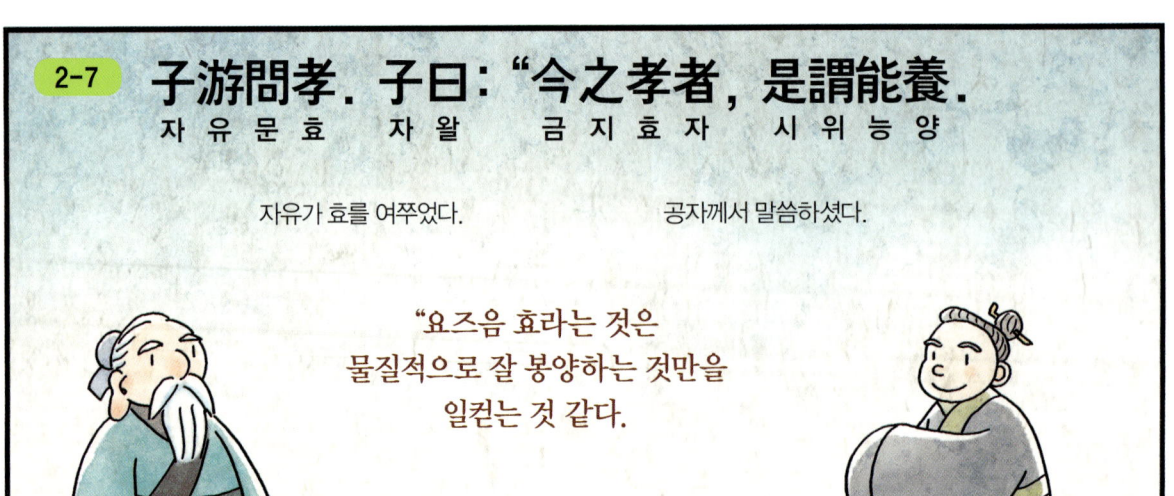

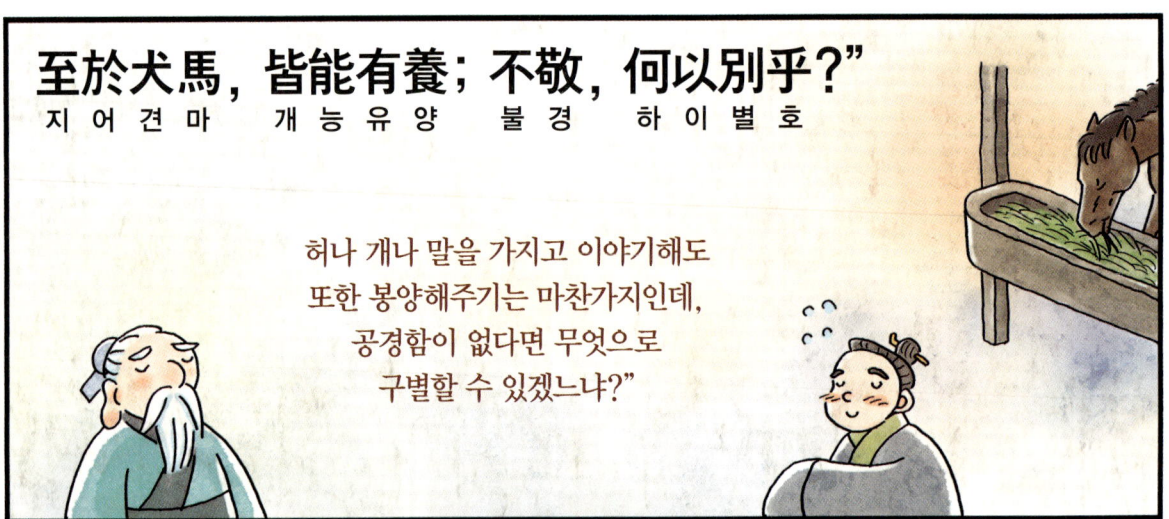

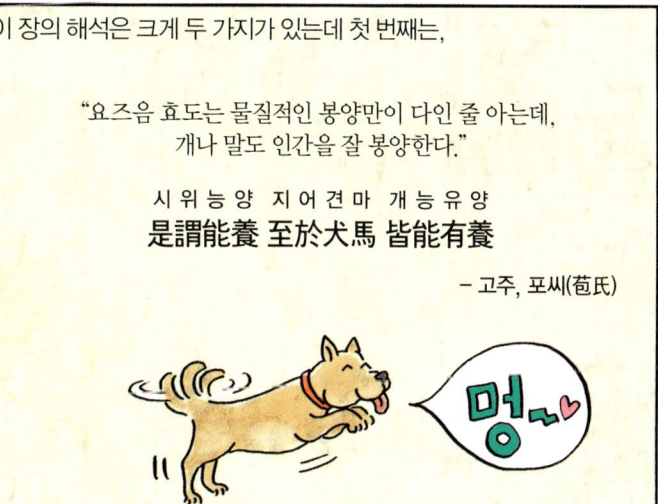

2-8 子夏問孝. 子曰:"色難. 有事, 弟子服其勞;
자하문효 자왈   색난 유사 제자복기로

자하가 효를 여쭈었다. 공자께서 이에 말씀하셨다.

"어른의 안색을 살필 줄 아는 것이 어려운 것이다.
어른에게 귀찮은 일이 있으면
제자가 그 수고로움을 대신하고,

有酒食, 先生饌, 曾是以爲孝乎?"
유주사 선생찬 증시이위효호

술과 밥이 있으면
어른께서 먼저 잡수시게 하는 것만으로
일찍이 효라 할 수 있겠는가?"

앞 장과 그 주제가 같습니다.

효의 본질이 단지
물리적 수고를 덜어
드린다거나, 음식을
먼저 드리는 식의
외면적 치례가 되어서는
안 된다고
말씀하신 거죠.

자하 또한 공자학단에서 큰 위치를
차지하는 인물이며

복상(卜商)씨

사과십철
문학

위문후,
서문표의 스승
이었죠~

[학이]편에 이미 한 번 출연했는데,
거기서도 '색(色)'자가 나왔었죠.

현 현 역 색
賢賢易色

"어진이를 어진이로서 대하기를
아리따운 여인을 좋아하듯 해라."

– [학이] 7

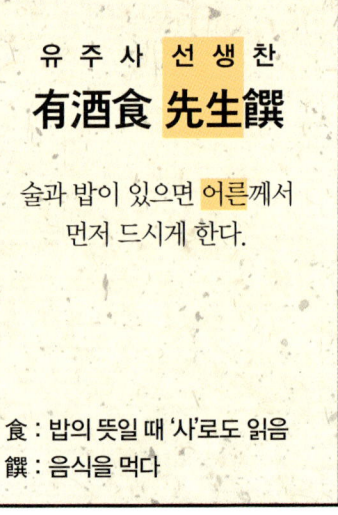

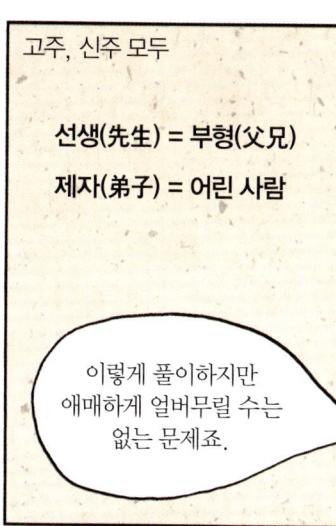

2-9 子曰:"吾與回言終日, 不違, 如愚.
자왈 오여회언종일 불위 여우

공자께서 말씀하셨다.

"내가 회와 더불어 온종일 이야기 하였으나,
내 말을 조금도 거스르지 않아
그가 어리석게만 느껴졌다.

退而省其私, 亦足以發. 回也, 不愚!"
퇴이성기사 역족이발 회야 불우

물러가고 나서 그의 사적 생활을 살펴보니
역시 나를 깨우치기에 충분하다.
안회는 결코 어리석지 않도다!"

드디어 안회가 처음으로 등장했군요. 〈논어〉에서 공자는 안회와 마주할 때 가장 진실된 모습을 보여줍니다.

안회는 공자의 데미안이요, 그가 인(仁)하다고 인정하는 유일한 인물이었죠.

제자이자 친구이며, 자기 자신 …

공자의 인간미와 제자를 사랑하는 스승의 정이 충분히 표현되어 있기 때문에 제가 아주 좋아하는 장입니다.

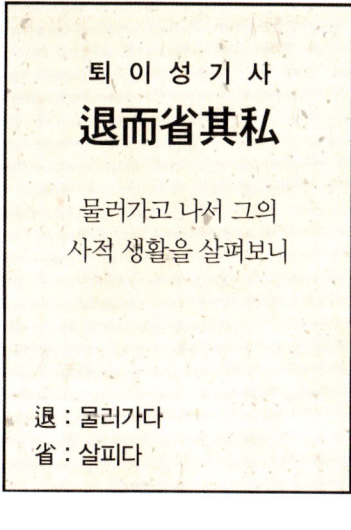

역 족 이 발
亦足以發

역시 나를 깨우치기에
충분하다.

足 : 족하다. 넉넉하다
發 : 계발시켜 깨우치다

고주, 신주 모두 '역족이발'의 '발'을 이렇게 봅니다.

"안회가 공자에게 배운 것을 제자들 사이에서 정확하게 밝히고 있더라."
발(發)

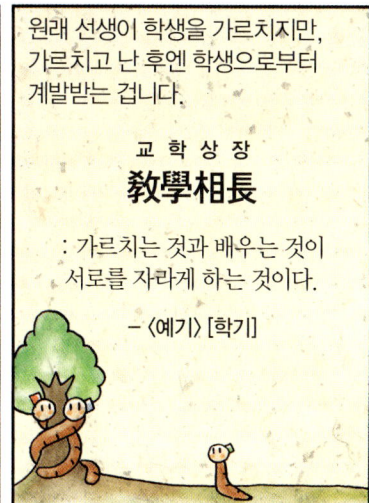

2-10

子曰: "視其所以, 觀其所由, 察其所安.
자왈　　시기소이　관기소유　찰기소안

人焉廋哉? 人焉廋哉?"
인언수재　　인언수재

공자께서 말씀하셨다.

"그 행하는 바를 보고,
그 말미암은 바를 따지며,
그 지향하는 바를 살핀다면,
사람들이 어찌 자신을 숨길 수 있으리오!
사람들이 어찌 자신을 숨길 수 있으리오!"

이 장의 특징은 구체적인 사건이 없고, 그래서 어떤 상황인지 전혀 알 수 없다는 겁니다.

공자가 대사구 시절 주변 사람들을 평가하며 한 말일 수도 있고

이것이 내 평가 기준이야.

앞서 안회의 일상적 행동을 관찰하고 자신의 느낌을 밝힌 것과 연관성 있어 보이기도 합니다.

안 보는 것 같지만 다 보고 있어…

이런 구절은 대체로 해석의 여지가 넓지요.

저는 이런 구절을 볼 때는 기존 해석에 얽매이지 않습니다.

나의 주관적 느낌대로 이해하는 것이 가장 정직한 해석일 테니까요.

우선, 같은 말이 반복되는 구조 속에서

시기소이　視其所以
그 행하는 바를 보고

관기소유　觀其所由
그 말미암은 바를 따지며

찰기소안　察其所安
그 지향하는 바를 살핀다.

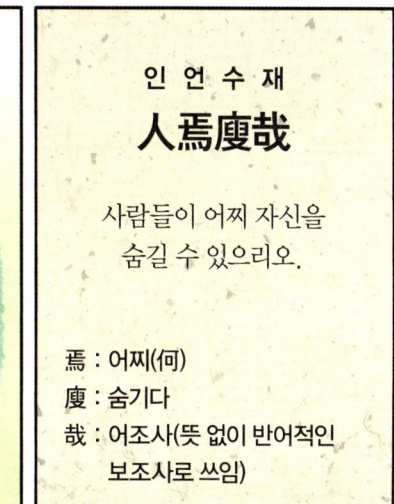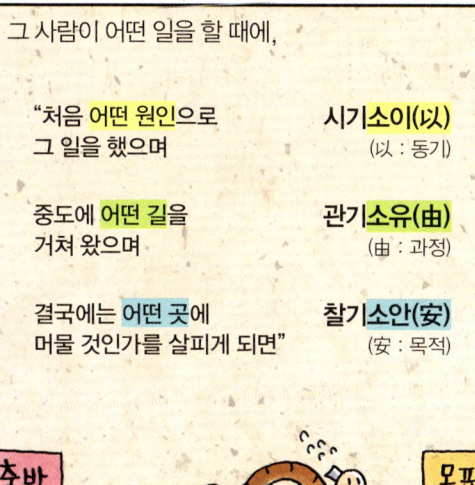

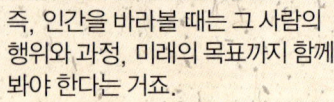
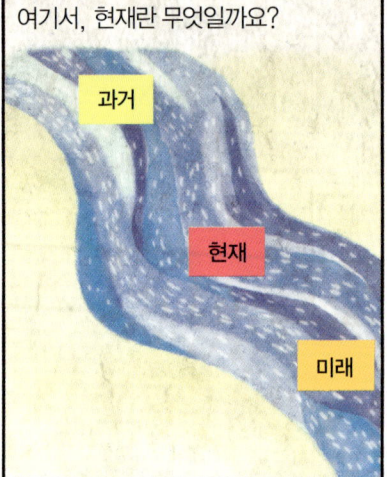

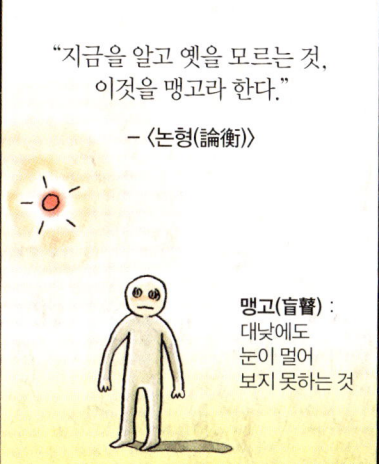

2-12 子曰:"君子不器."
자왈 군자불기

공자께서 말씀하셨다.

"군자는 그릇처럼 국한되지 않는다."

동양인인 우리에게는 매우 익숙하고 이해하기 어렵지 않은 말입니다.

군자불기!

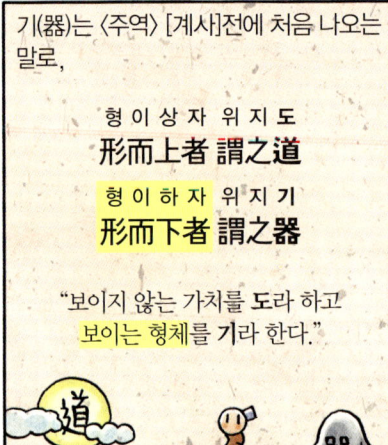

기(器)는 〈주역〉[계사]전에 처음 나오는 말로,

形而上者 謂之道
형이상자 위지도

形而下者 謂之器
형이하자 위지기

"보이지 않는 가치를 도라 하고 보이는 형체를 기라 한다."

군자, 즉 사회의 리더들은 한정된 그릇에 갇혀서는 안 된다는 것이 군자불기의 뜻이죠.

군자

한계
limitation

그런데, 막스 베버가 자신의 저서에서

막스 베버
(Max Weber, 1864-1920)
: 독일의 사회학자, 정치경제학자

동양과 서양의 윤리를 비교하면서 동양 비합리성의 근거로 '군자불기'를 말한 이후

'군자불기' 때문에 동양은 망했다!

중국의 종교
The Religion of China

'군자불기'는 20세기 세계 학술계의 쟁점이 되어 왔습니다.

베버 비판

태격

비판의 비판

태격

아직도

진행중

동양   서양

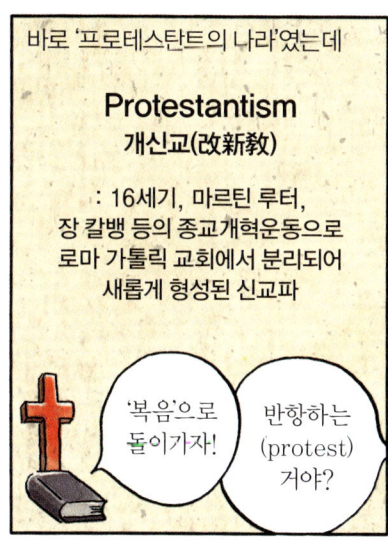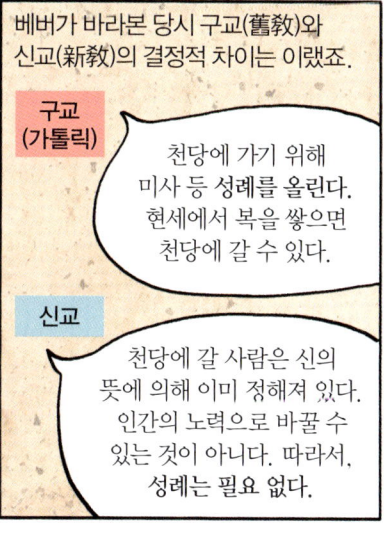

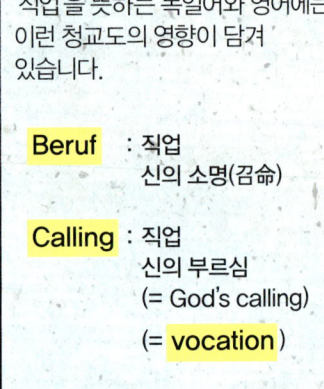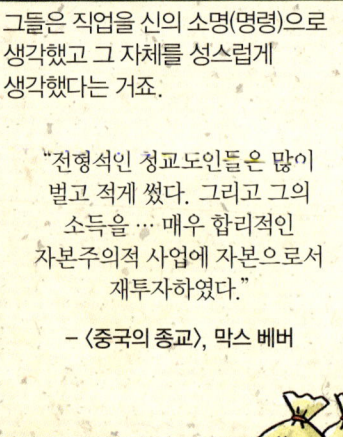

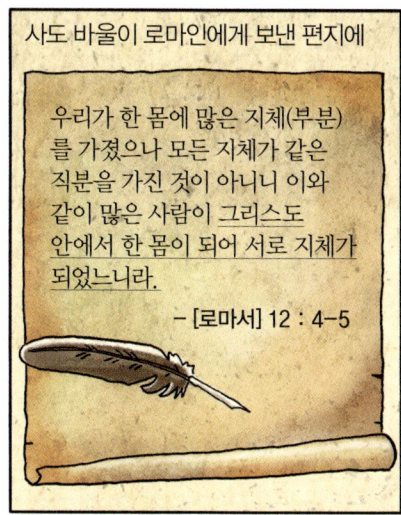
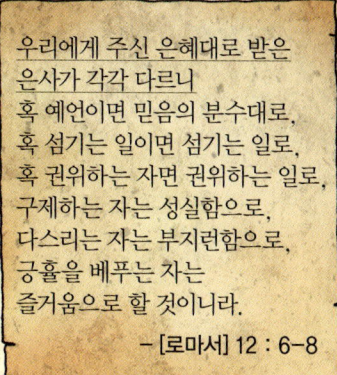
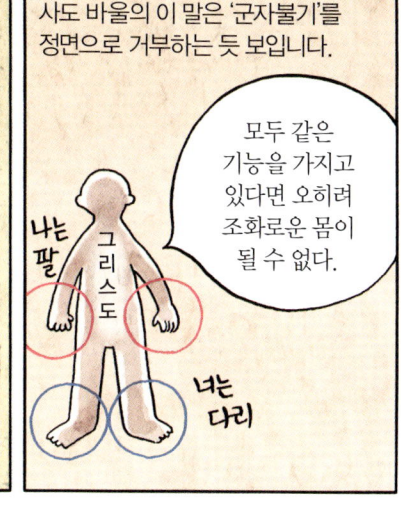

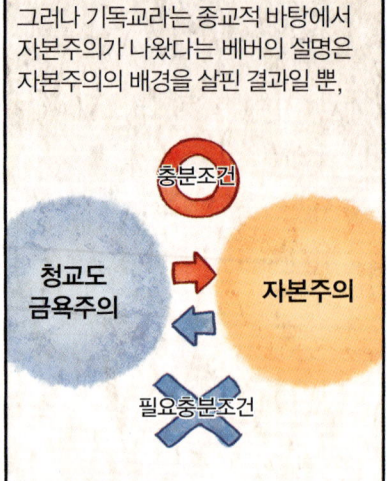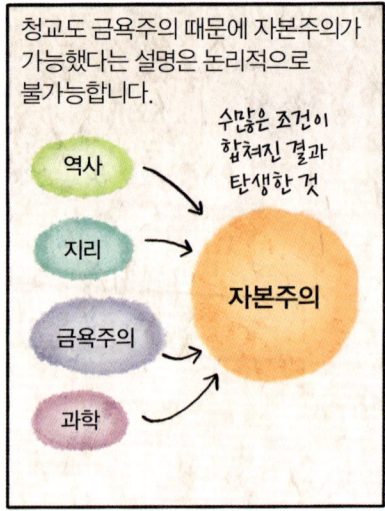

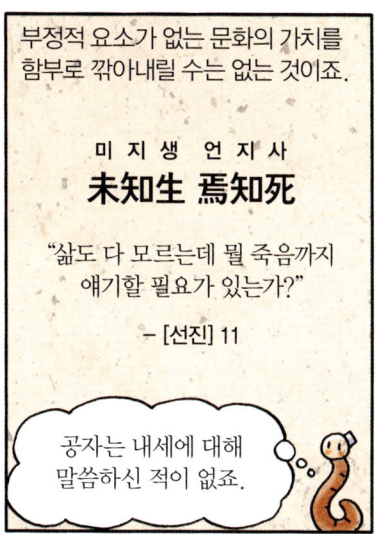

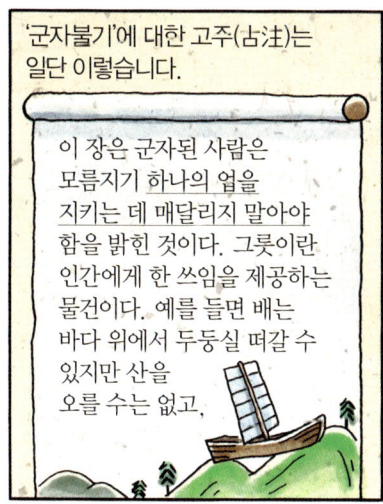
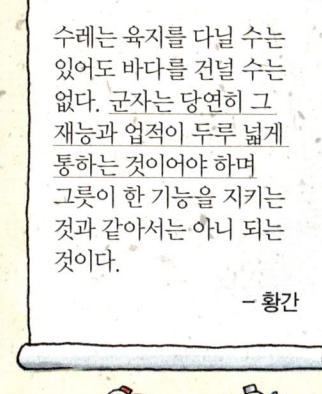

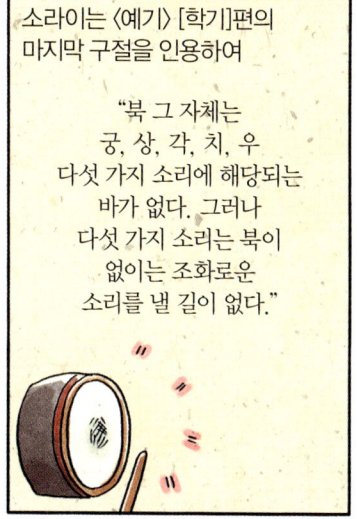

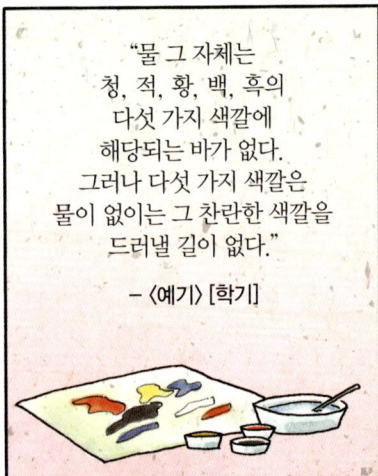

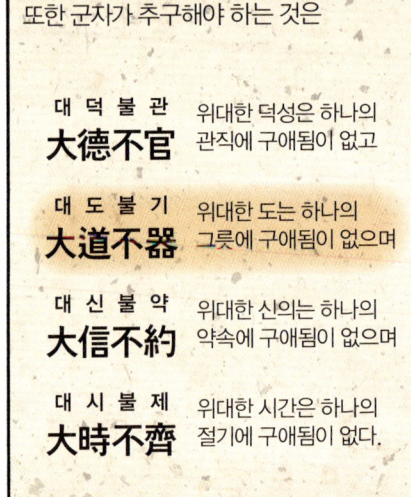

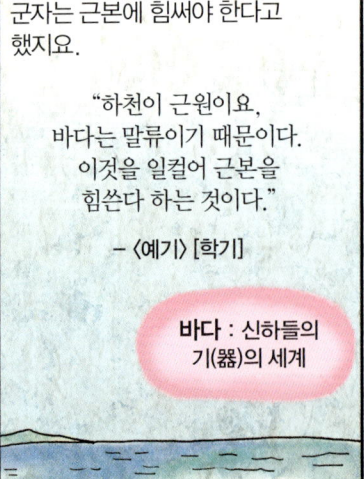

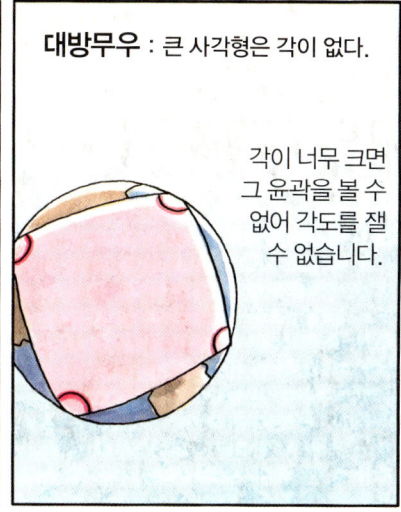

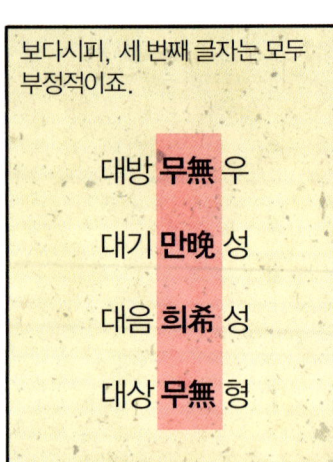

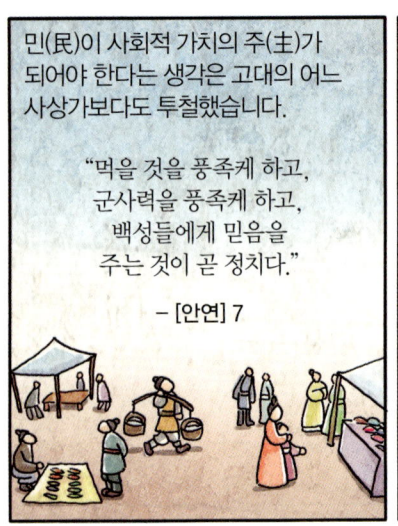
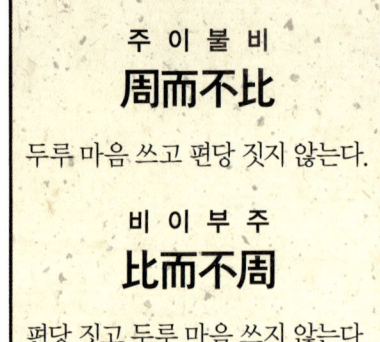

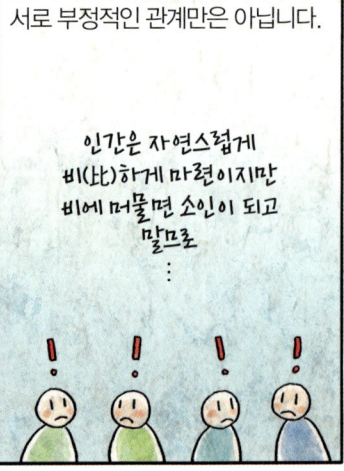

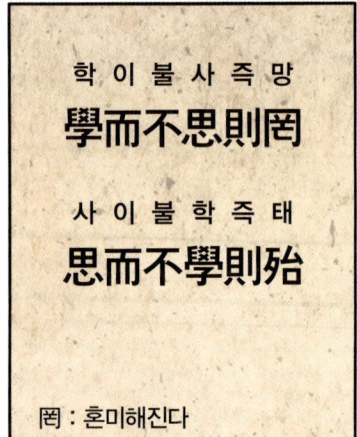

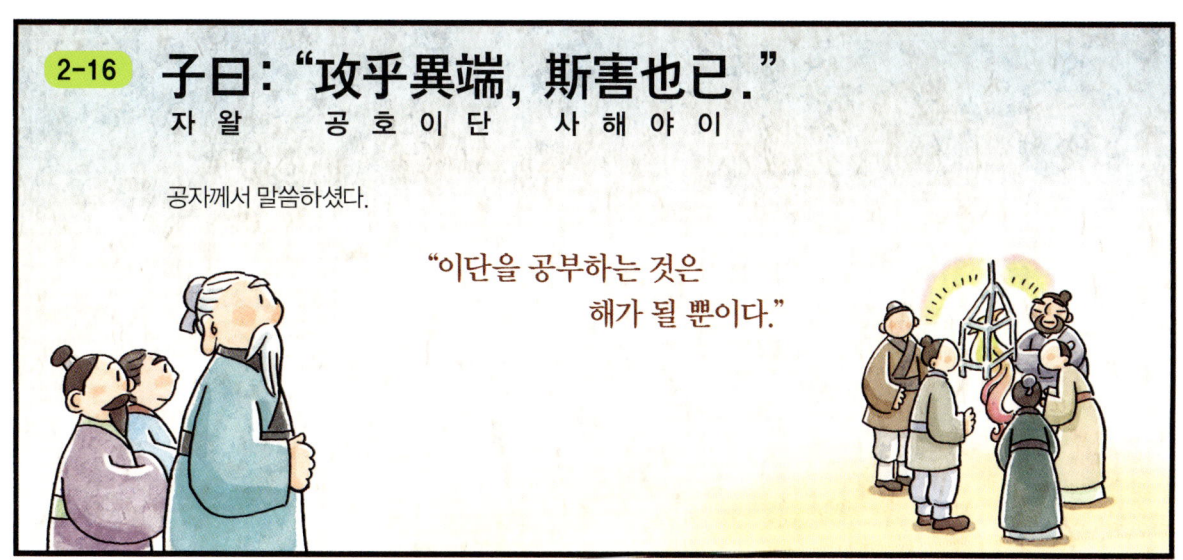

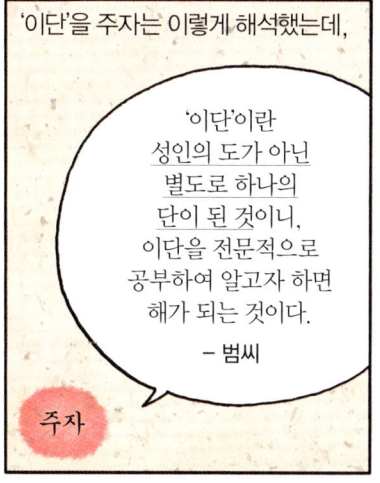

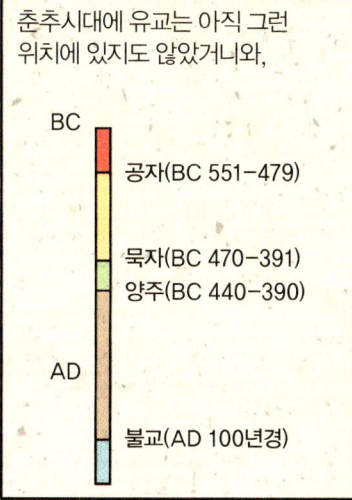
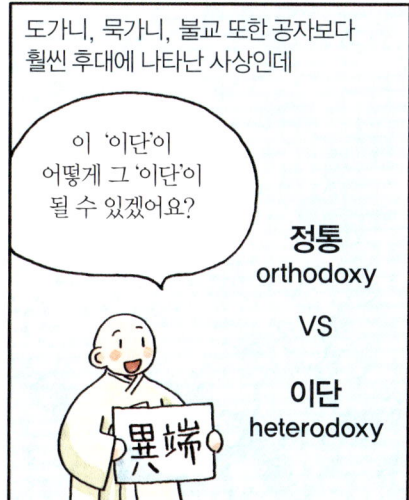

공호이단
攻乎異端

이단을 공부하는 것

攻 : 깊게 공부하다

그렇다면 '이단'을 어떻게 해석해야 할까요?

이단 = 부정확한 논의

양백준 (양씨)

'부정확한 논의'를 공격(攻)하라! 그러면 그 폐해가 없어질 것이다.

(1909-1992) 중국, 고전철학자

청대의 고증학자인 대진의 해석이 오히려

이단 = 천의 양쪽 단

베틀에서 천을 짤 때 한 방향에서 짜 들어가야지 서로 다른 방향에서 짜면 옷감이 망가진다.

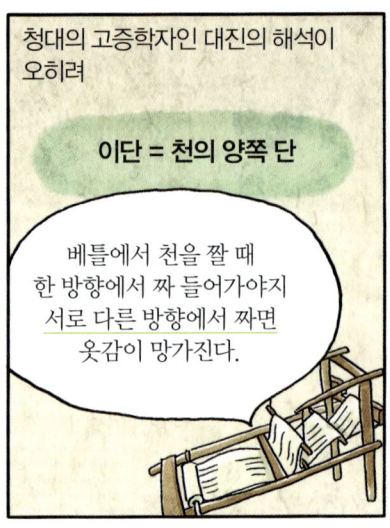

양씨의 해석에 비해 무리가 없어 보이는데

무슨 일이든 한 방향에서 전념해야 성과가 있지, 다른 이단(異端)에서 겸하여 같이 하면 잡다해져 폐해가 생긴다.

대진(戴震) (1724-1777)

'이단'이 쓰였던 예를 〈예기〉나 〈춘추〉에서 찾아보면 이렇습니다.

이단 = 타기(他技)
　　 = 기이하고 교묘한 소도(小道)

무언가 기발하고 색다른(異) 단서(端)

그러고 보니 공(攻)의 해석도 두 가지군요.

① 공격하다
⟹ "이단을 공격하면 그 폐해가 없어질 것이다."

② 깊게 공부하다
⟹ 괴이한 단서에 깊게 들어갈수록 해만 될 뿐이다.

사 해 야 이
斯害也已

해가 될 뿐이다.

斯 : 그러면 곧, 이(강조)
也, 已 : 어조사

항상 '기이하고 이상한 단서'를 조심해야 합니다.

어느 병원이 용하고… 어느 점집이 용하대…

명함 있어?

제가 동양철학을 공부했다고 하면…

사주, 관상도 보시겠네요?

우주의 비밀을 풀 수 있는 열쇠가 있다는데, 아세요?

제5원소 라고…

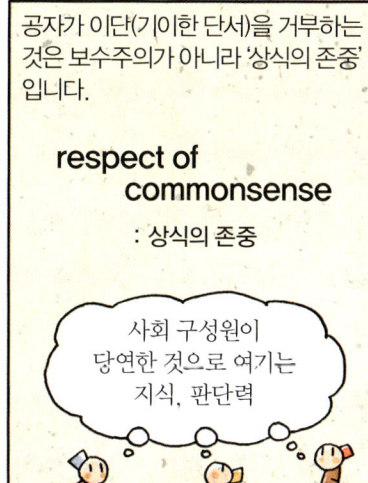

* 참고 : '누더기 도사'는 머털 도사의 스승!

위정제이(爲政第二)

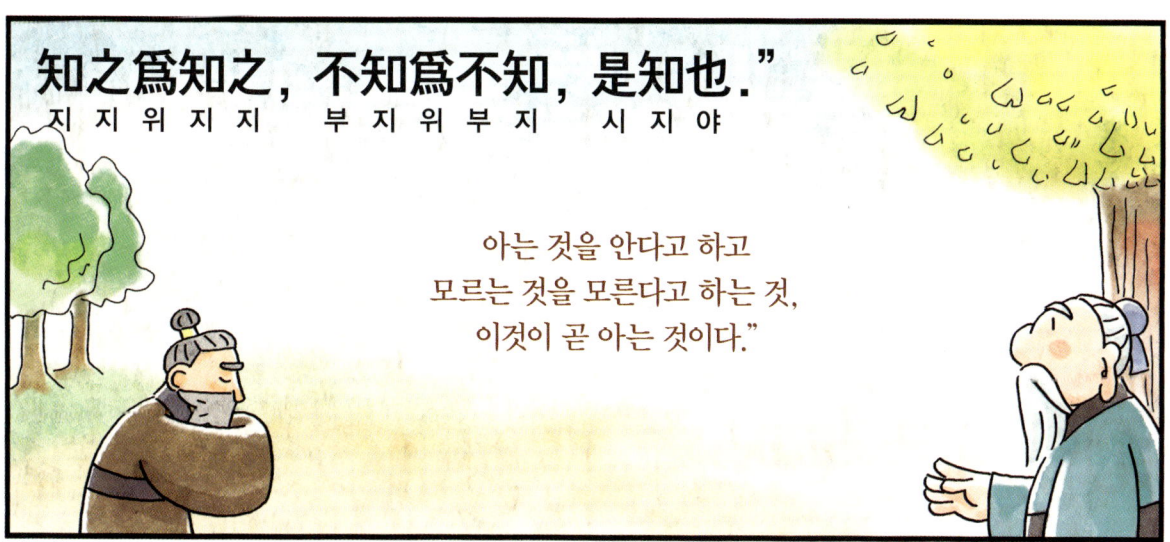

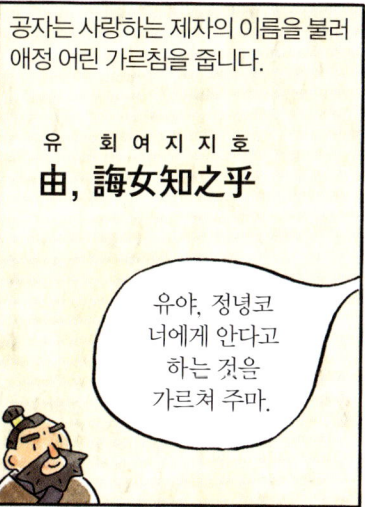
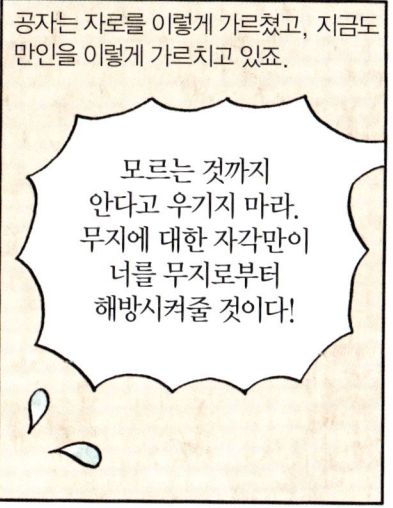

2-18

子張學干祿. 子曰:"多聞闕疑, 愼言其餘, 則寡尤;
자 장 학 간 록   자 왈   다 문 궐 의   신 언 기 여   즉 과 우

자장이 공자에게 녹을 구하는 법을 배우려 하였다.
공자께서 말씀하셨다.

"많이 듣되 의심 나는 것은 빼버리고
그 나머지를 삼가서 말하면
허물이 적어진다.

多見闕殆, 愼行其餘, 則寡悔.
다 견 궐 태   신 행 기 여   즉 과 회

많이 보되 위태로운 것은 빼버리고
그 나머지를 삼가서 행하면
후회가 적어진다.

言寡尤, 行寡悔, 祿在其中矣."
언 과 우   행 과 회   녹 재 기 중 의

말에 허물이 적고 행동에 후회가 적으면,
녹이 바로 그 가운데에 있을 것이다."

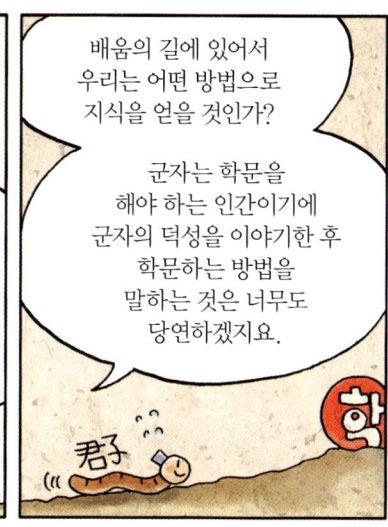

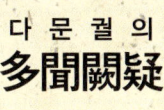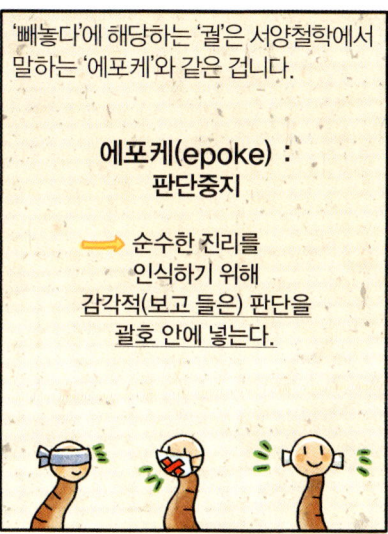

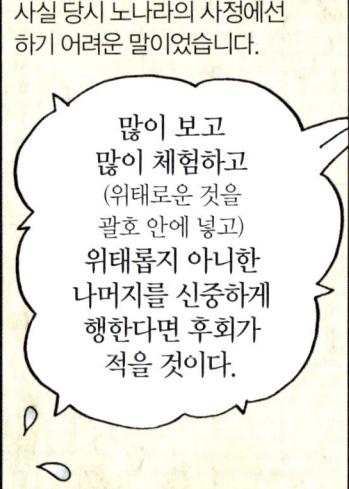

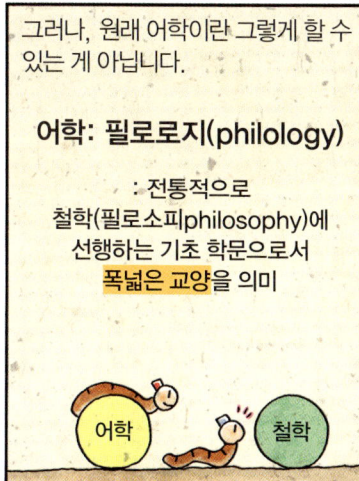

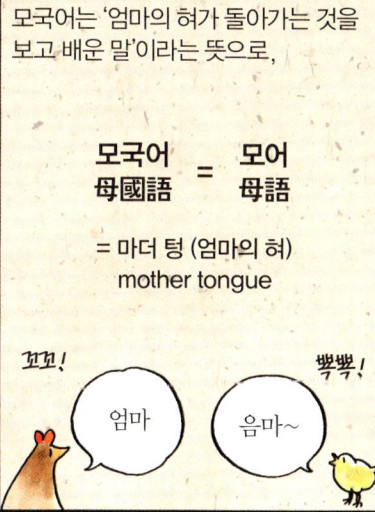

2-19 哀公問曰:"何爲則民服?"
애 공 문 왈　　하 위 즉 민 복

애공이 물어 말하였다.

"어떻게 하면 백성이 따릅니까?"

孔子對曰:"舉直錯諸枉, 則民服;
공 자 대 왈　　거 직 조 저 왕　　즉 민 복

공자가 대답하여 말하였다.

"곧은 사람을 들어 굽은 사람 위에 놓으면 백성이 따를 것이며,

舉枉錯諸直, 則民不服."
거 왕 조 저 직　　즉 민 불 복

굽은 사람을 들어 곧은 사람 위에 놓으면 백성이 따르지 않을 것입니다."

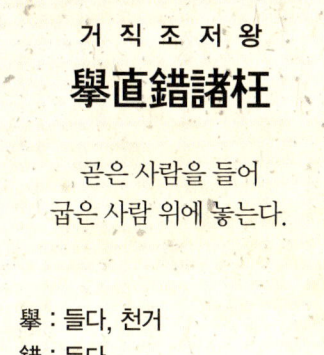

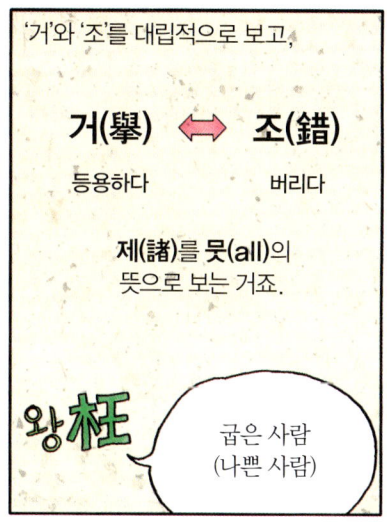

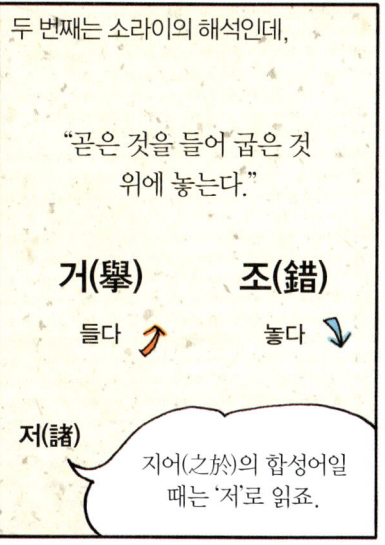

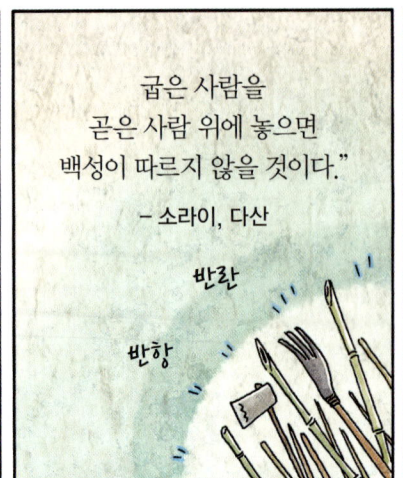
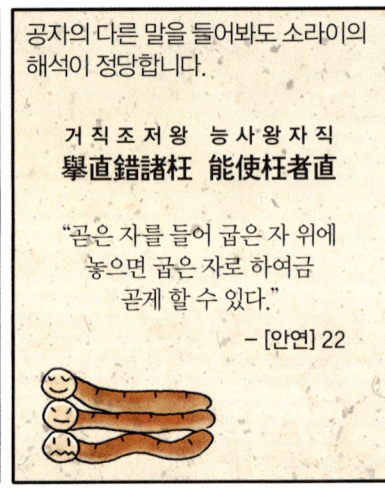

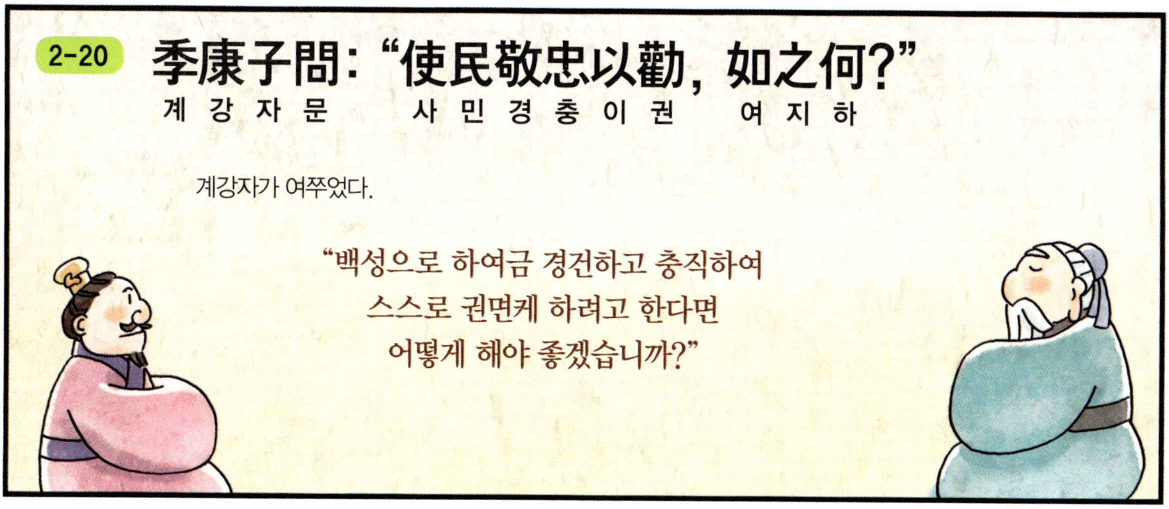

2-20 季康子問: "使民敬忠以勸, 如之何?"
계강자문　사민경충이권　여지하

계강자가 여쭈었다.

"백성으로 하여금 경건하고 충직하여
스스로 권면케 하려고 한다면
어떻게 해야 좋겠습니까?"

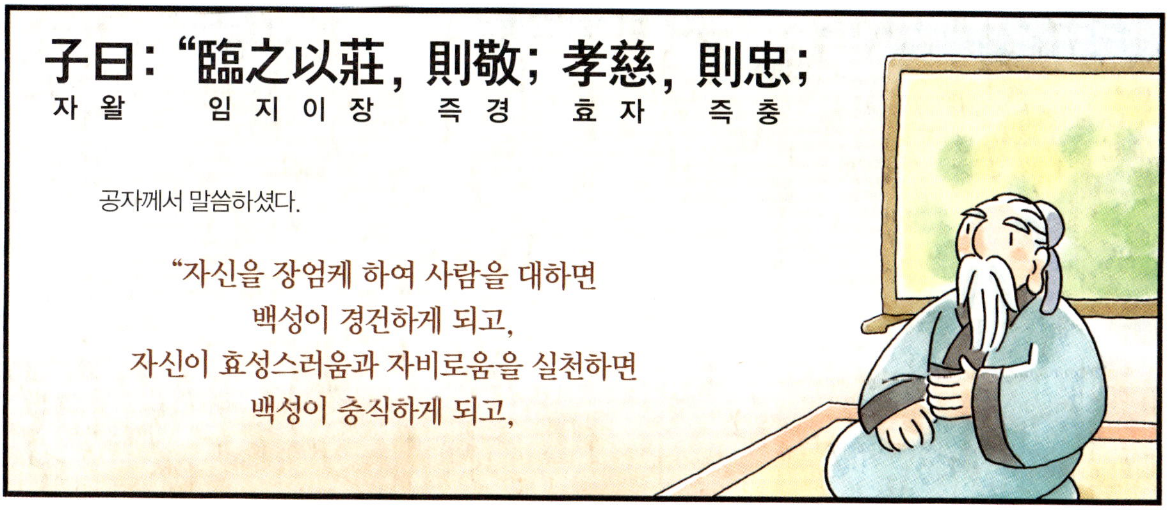

子曰: "臨之以莊, 則敬; 孝慈, 則忠;
자왈　임지이장　즉경　효자　즉충

공자께서 말씀하셨다.

"자신을 장엄케 하여 사람을 대하면
백성이 경건하게 되고,
자신이 효성스러움과 자비로움을 실천하면
백성이 충식하게 되고,

舉善而敎不能, 則勸."
거선이교불능　즉권

능력 있는 자들을 등용하고
능력이 부족한 자들을 잘 교화시키면
백성들이 스스로 권면하게 될 것입니다."

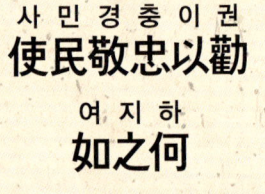

민(民)이 경(敬)하게 되려면 지도자 자신이 경건한 자세로 민을 대하면 될 것이요.

(몇 년 만에 먹으니까) 맛있네요.

민이 충직하기를 바란다면 지도자 스스로 부모에게 효도하고 아랫사람에게 자애로운 덕성을 보일것이며,

군대 기피, 부정 입학 위장 전입, 탈세,…

저는 했지만 국민 여러분은 하지 마세요…

민이 자기 일에 충실하기를 바란다면 능력 있는 자를 등용하고 부족한 자를 교육시키면 될 일이지,

무슨 다른 방법이 있으리오?

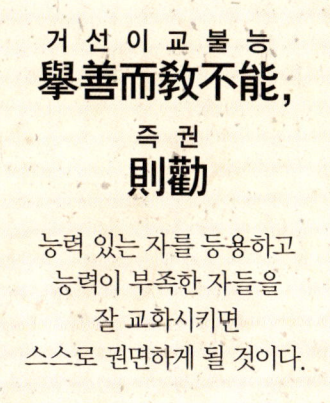

거 선 이 교 불 능
擧善而教不能,
즉 권
則勸

능력 있는 자를 등용하고 능력이 부족한 자들을 잘 교화시키면 스스로 권면하게 될 것이다.

善 : 능력 있는 사람

이 구절을 백성에 대한 군주의 마음 자세로 풀이하면 이런 뜻도 됩니다.

"백성의 잘하는 면을 칭찬하고 그들의 못난 면을 가르쳐주면"

백성이 바르게 되길 원한다면 다스리는 자 그대 스스로가 먼저 바르게 되시오!

그러면 기대하지 않아도 백성은 저절로 그러하게 됩니다.

타인에게 바름을 원한다면 내가 먼저 바르게 되어야 한다!

언제 들어도 옷깃을 여미게 하는 준엄한 말씀입니다.

당시 냉혹했던 노나라 현실에도 불구하고 현실과 타협 없이 하신 그 말씀이 2500년이 지난 오늘에도 여전히 빛을 발하고 있군요.

위정제이(爲政第二)

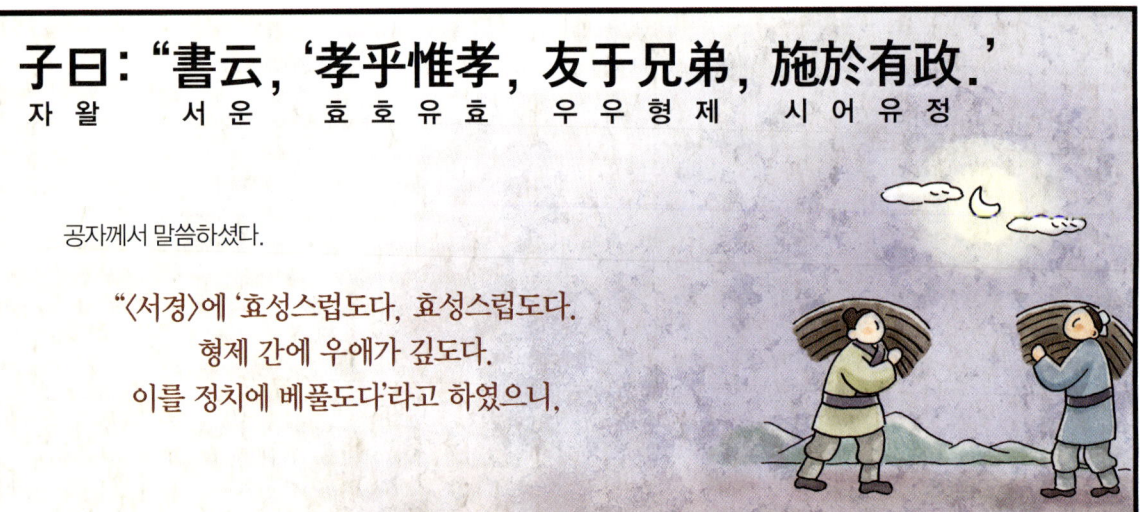

위정제이(爲政第二)

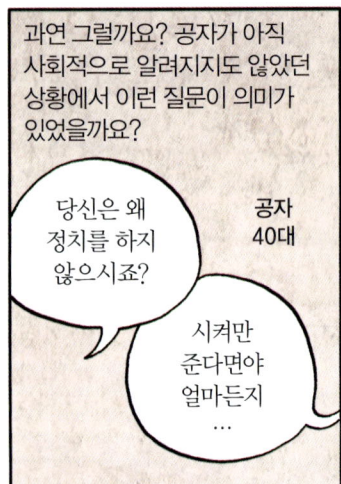

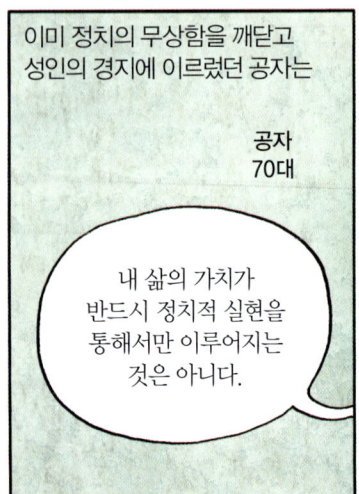

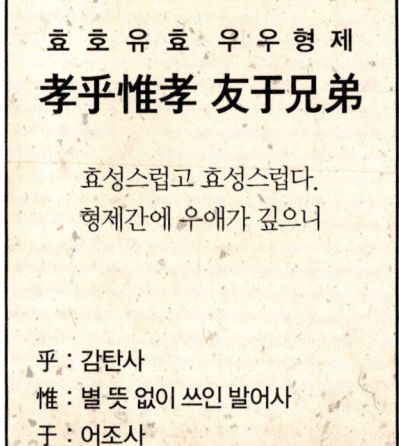
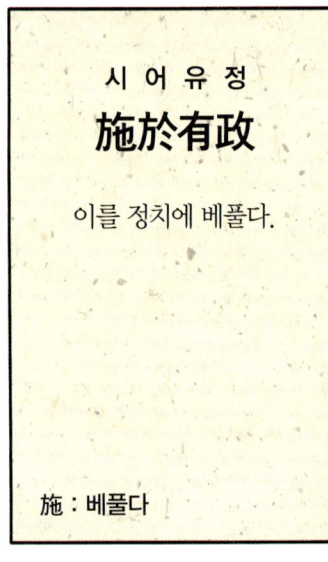

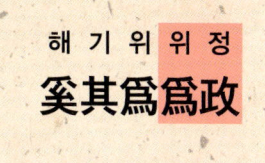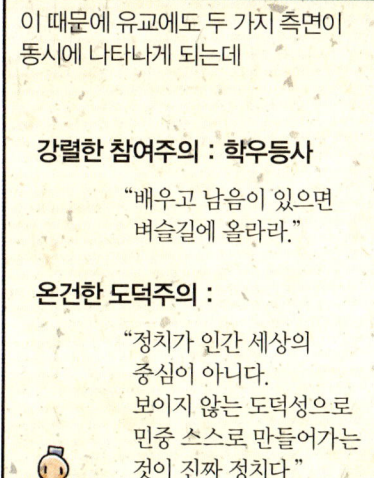

2-22

子曰:"人而無信, 不知其可也.
자왈 인이무신 부지기가야

공자께서 말씀하셨다.

"사람으로서 신실함이 없으면,
그 사람됨을 도무지 알 길이 없다.

大車無輗, 小車無軏, 其何以行之哉?"
대거무예 소거무월 기하이행지재

큰 수레에 큰 멍에 연결고리가 없고,
작은 수레에 작은 멍에 연결고리가 없다면,
도대체 무엇으로 그 수레를 가게 할 것인가?"

'신(信)'은 〈논어〉에서 공자가 계속 강조하는 것으로, 말의 신뢰성에 대한 것입니다.

공자는 인간의 언어 생활이 도덕적 인격성의 잣대라는 생각을 분명하게 갖고 있었죠.

특히 정치를 하는 군자에게 있어 믿을 수 있는 말과 행동이란 정치의 성패를 좌우하는 것으로,

신(信) = 신실함(信實)

오늘날 우리의 정치 현실을 보아도 이해가 갑니다.

= 실천할 수 있는 말, 믿을 수 있는 말

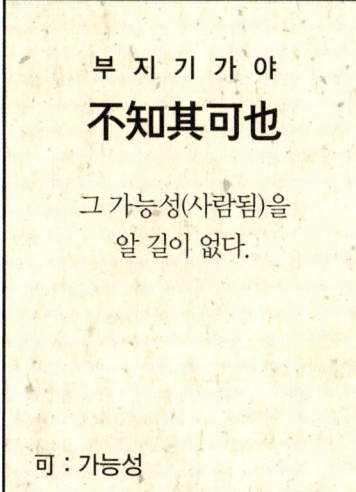

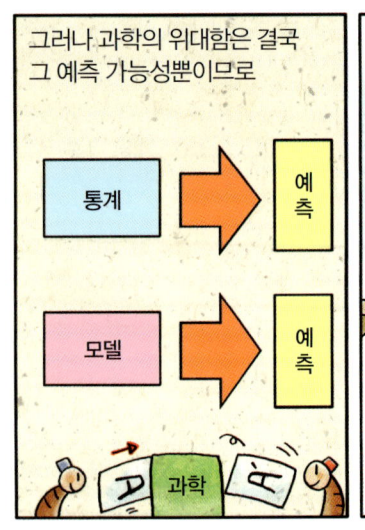

大車無輗 小車無軏
대 거 무 예   소 거 무 월

큰 수레에 큰 멍에 연결고리가 없고
작은 수레에 작은 멍에
연결고리가 없다.

車 : 수레일 때는 '거'로 읽음
輗 : 큰 수레와 멍에를 잇는 연결 장치
軏 : 작은 수레와 멍에를 잇는 장치

다산의 설명이 명료합니다.

"소와 수레는 본래
두 개의 다른 물건일 뿐이다.
오직 예나 월로써 단단히 연결한
후에야 소와 수레는 한 몸이 되어
소가 가면 수레 또한 가게 되는 것이다.
공자는 이를 가지고 신(信)에
비유한 것이다."

2-23 子張問: "十世可知也?"
자장문   십세가지야

子曰: "殷因於夏禮, 所損益, 可知也;
자왈   은인어하례   소손익   가지야

자장이 여쭈었다.

"열 세대의 일을 미리 알 수 있습니까?"

이에 공자께서 말씀하셨다.

"은나라는 하나라의 예를 본받아 덜고 보태고 한 바 있어 열 세대의 일을 미리 알 수 있다.

周因於殷禮, 所損益, 可知也.
주인어은례   소손익   가지야

주나라는 은나라의 예를 본받아
덜고 보태고 한 바 있어
열 세대의 일을 미리 알 수가 있다.

其或繼周者, 雖百世, 可知也."
기혹계주자   수백세   가지야

그러나 어떤 자가 주나라를 계승한다면
백 세대의 일일지라도
미리 알 수가 있을 것이다."

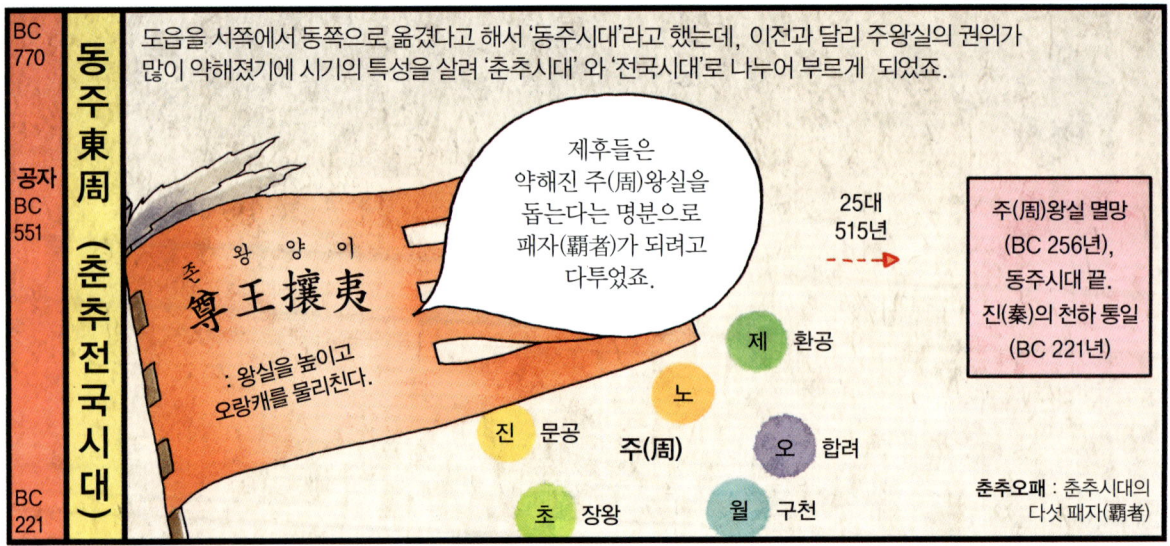

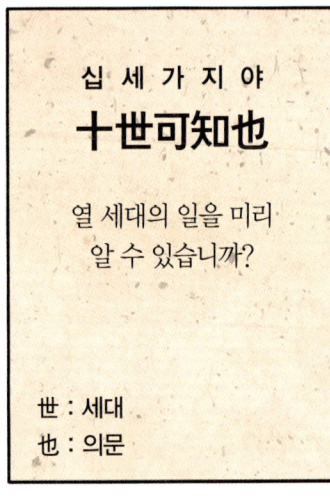

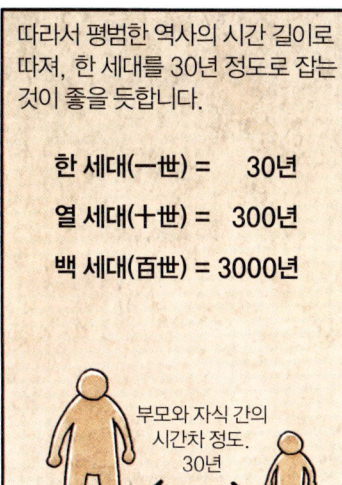

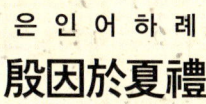

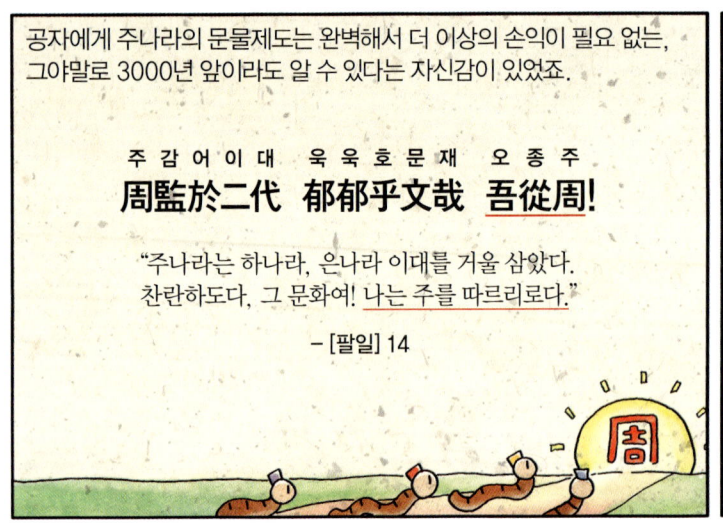

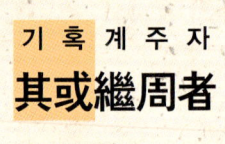

2-24

子曰：“非其鬼而祭之, 諂也. 見義不爲, 無勇也.”
자왈   비기귀이제지   첨야   견의불위   무용야

공자께서 말씀하셨다.

"제사를 지내야 하는 하느님이 아닌데도
제사를 지내는 것은 아첨하는 것이요,
의를 보고도 실천하지 않는 것은
용기가 없는 것이다."

23, 24장은 예를 다루는 [팔일]편과 주제가 같아서 자연스럽게 연결되고 있습니다.

그래서 원래 [팔일]편에 속해 있었을 거라 생각하는 사람들도 있죠.

비 기 귀 이 제 지
非其鬼而祭之

제사를 지내야 하는 하느님이 아닌데도 제사를 지내다.

鬼 : 귀신, 하느님

고주에서는 '귀(鬼)'를 그냥 조상신으로 봤지만, 다산은 이를 반박하죠.

귀(鬼) = 조고(祖考)

천만의 말씀!
그건 아니올시다!

다산에 따르면, 귀는 천신, 지기, 인귀를 통틀어 말합니다.

鬼 ─ 천신(天神) : 하늘신
  ├ 지기(地祇) : 토지신
  └ 인귀(人鬼) : 조상신

선생님 말씀이 옳습니다!

따라서 이 말은 하지 말아야 할 제사를 지낸다든가

비기귀이제지

천지 제사는 천자만.

산천 제사는 제후 이상!

천자 제후 대부

받들지 말아야 할 다른 종족의 제사를 지내는 경우 모두를 말하는 거죠.

① 어떤 장소에서,

② 어떤 귀신에게,

③ 누가

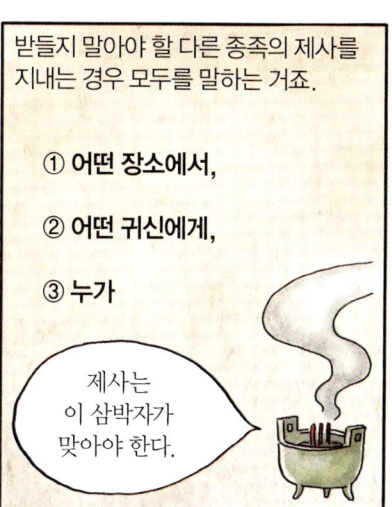

제사는 이 삼박자가 맞아야 한다.

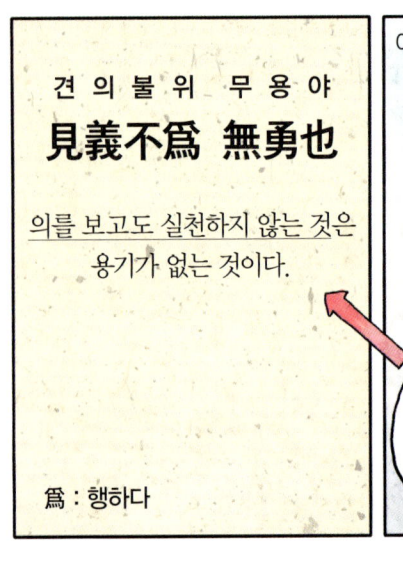

팔일제삼(八佾第三)

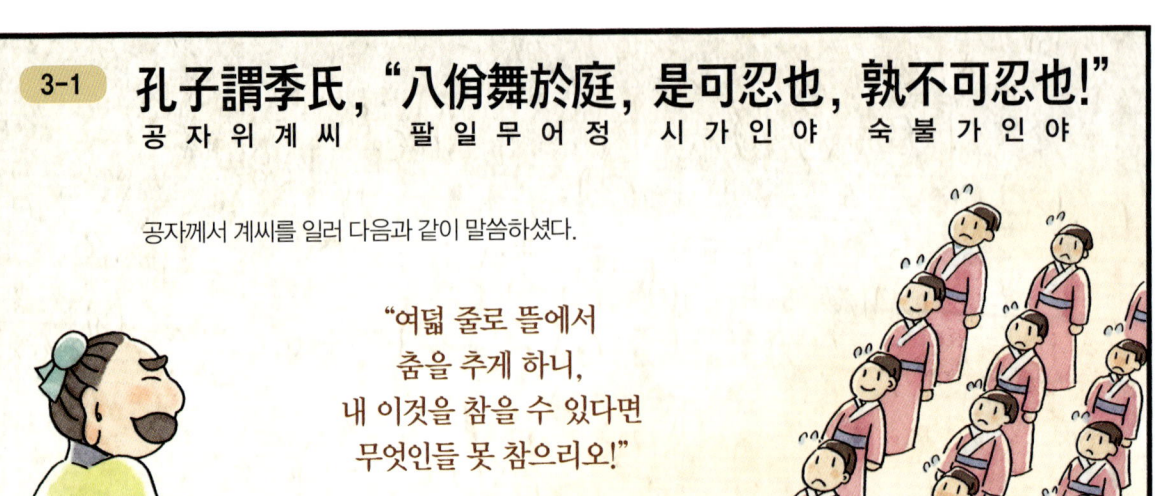

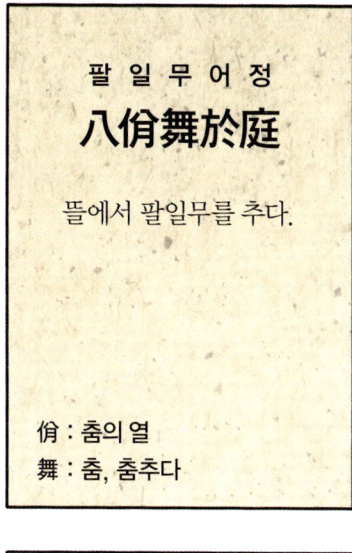

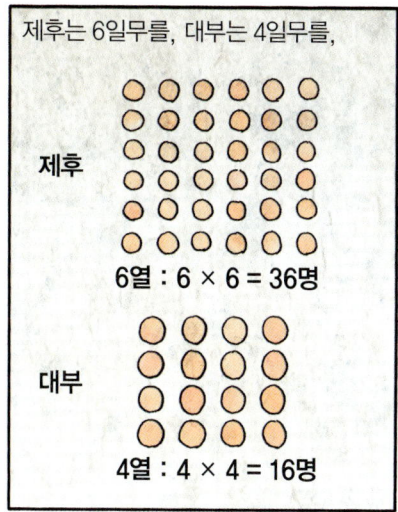

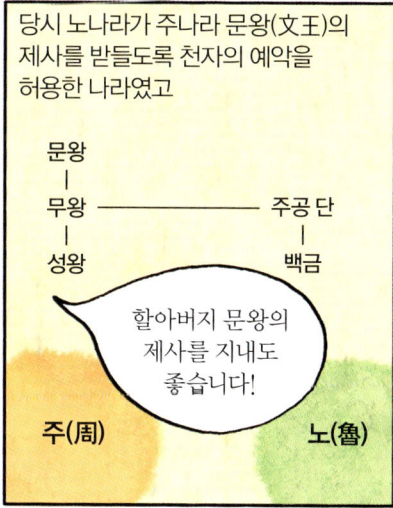
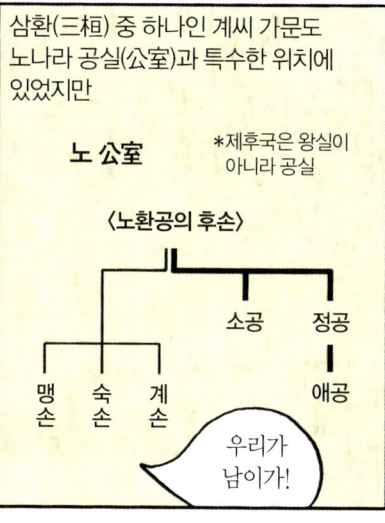

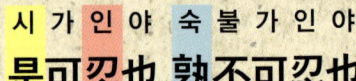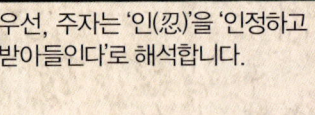

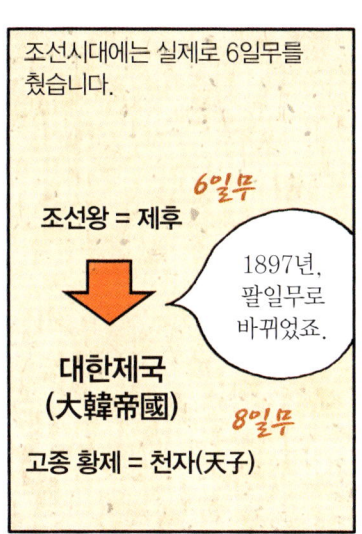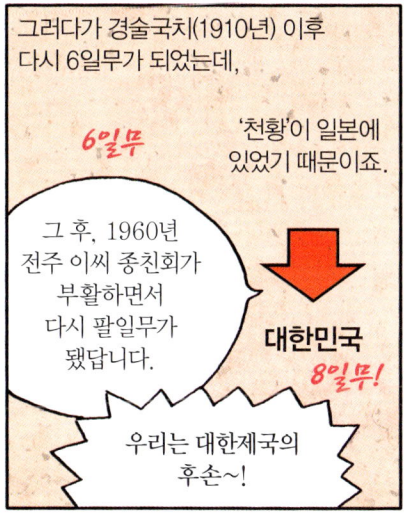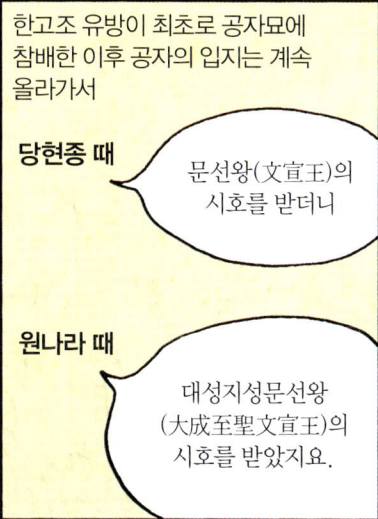

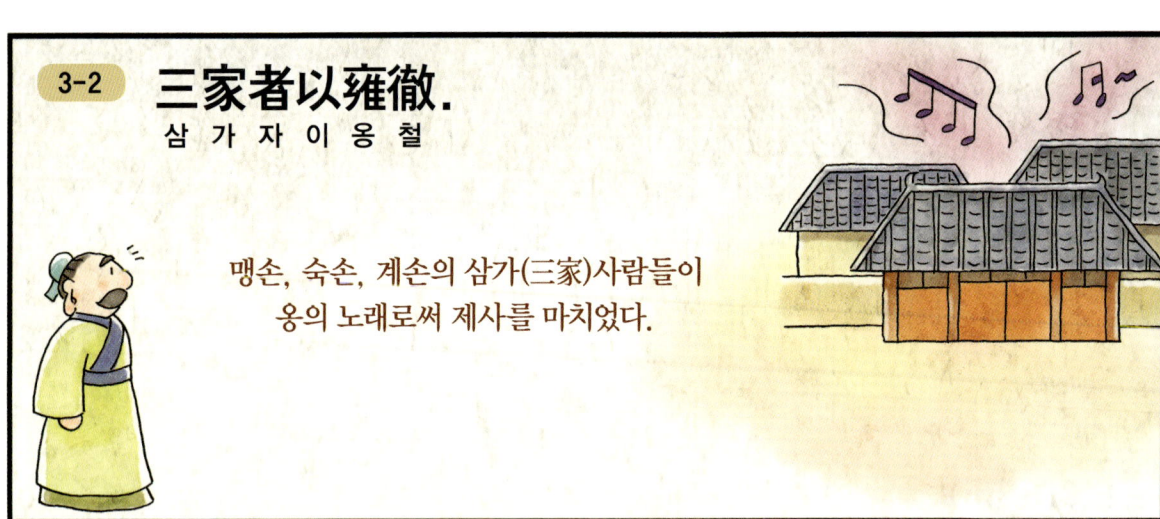

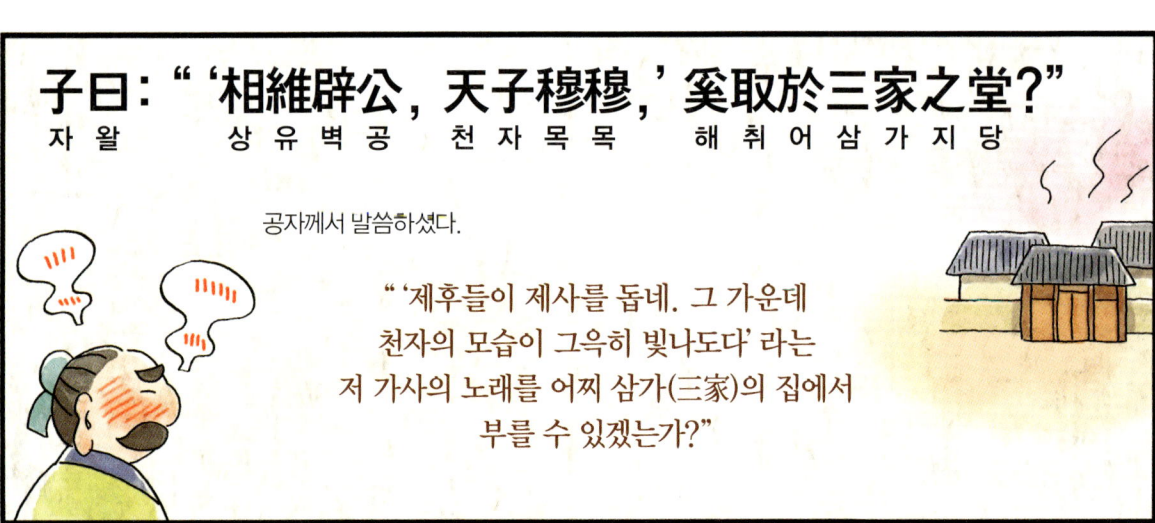

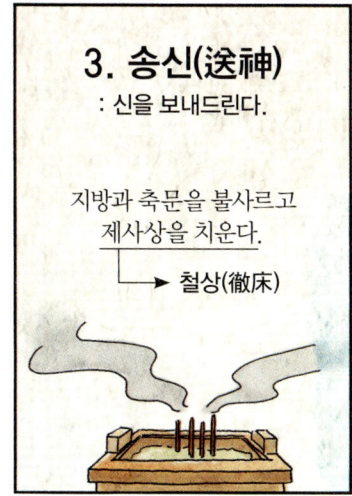

3. 송신(送神)
: 신을 보내드린다.

지방과 축문을 불사르고 제사상을 치운다.
→ 철상(徹床)

삼가자이옹철
三家者以雍徹

세 가문의 사람들이 철상하면서 '옹'의 노래를 불렀다.

雍 : 천자의 제사에 쓰이는 노래
徹 : 제기를 거두어 들이는 마무리 의식

삼가(三家)란, 노나라의 권력을 나눠 가지고 있던 삼환(三桓) 가문을 말하는데

경보, 숙아, 계우의 후손들!

맹손 숙손 계손

이 세 대부 가문이 모두 자신의 집에서 제사를 지낸 뒤 철상하면서 '옹'의 노래를 부르게 했다는 거죠.

유래옹옹 — 맹
상유벽공 — 계
천자목목 — 숙

상유벽공 천자목목
相維辟公 天子穆穆

제후들이 제사를 돕고 그 가운데 천자의 모습이 빛난다.

相 : 돕다
辟公 : 제후

문제는 이 '옹'의 노래가 천자의 제사 때나 쓰일 수 있었다는 겁니다.

이 노래는 지금의 〈시경〉에도 전해지고 있기 때문에 얼마든지 확인할 수 있죠. 그 가사를 보면…

시경

옹(雝)	화목함
유래 옹 옹 有來雝雝	제후들이 오네. 화목하고 화목토다.
지 지 숙 숙 至止肅肅	다 이르러서는 엄숙하고 또 엄숙토다.
상유 벽공 相維辟公	제후들이 제사를 돕네.
천 자 목 목 天子穆穆	그 가운데 천자의 모습 그윽히 빛나도다.

– [주송(周頌)]편

주자의 해석을 따라 '제후들이 오네'로 번역은 했지만, '귀신들이 오네'로 해야 마땅하다고 봅니다.

옹 옹 숙 숙
雝雝肅肅
"화목하고 엄숙하다"

귀신들이 젯상에 와서 머무는 모습 →
옹옹~ 숙숙~

마지막 두 구절은 천자가 제사를 지내는 자리에 모여드는 제후들의 모습이죠.

벽공(辟公)
: 제후들

제후들이 제사를 돕네.

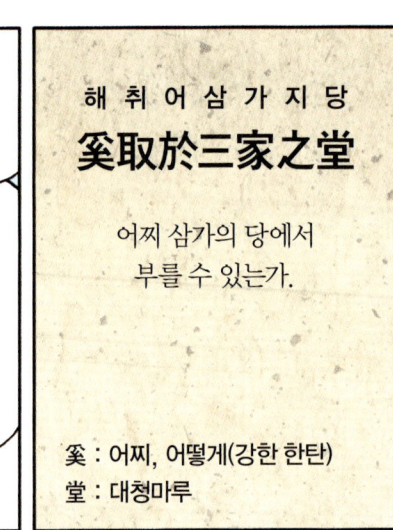

3-3 子曰：“人而不仁，如禮何？人而不仁，如樂何？”
자왈　인이불인　여례하　인이불인　여악하

공자께서 말씀하셨다.

"사람이면서 인하지 못하다면 예인들 무엇하리오?
사람이면서 인하지 못하다면 악인들 무엇하리오?"

별로 논란될 것이 없어 보이는 평범한 공자님 말씀이지만, 공자 사상을 포괄적으로 잘 보여주고 있습니다.

제가 심하게 좋아하는 장이죠.

이 장은 보통 이렇게 해석되어 왔지만

인(仁)한 사람이 아니면 예와 악을 바르게 사용할 길이 없다.

고주
-포씨-

저는 이렇게 해석합니다.

인(仁)하지 않다면,
예인들 무엇 하리오?
악인들 무엇 하리오?

인의 덕성이 없다면 예와 악이 무의미해지고 만다는 공자의 탄식이죠.

인(仁)이란 구체적으로 어떤 덕성을 말하는 걸까요?

'인'이라고 하면 흔히들 이렇게 생각하는데

자상하다
마음씨 좋고 착하다
인자하다
친절하다

공자가 말한 인은 인자함, 자비심, 선행 등의 윤리적 덕성이 아닙니다.

仁 = 도덕적 개념(?)
(moral concept)

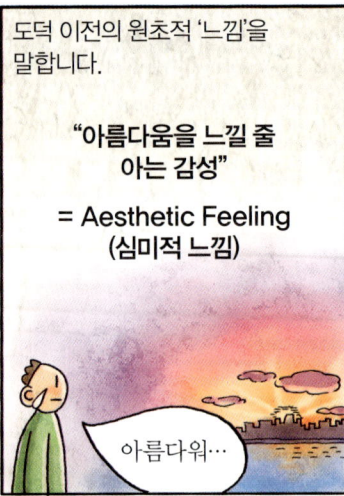

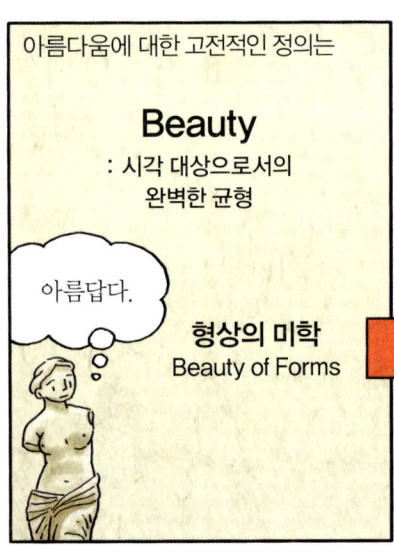

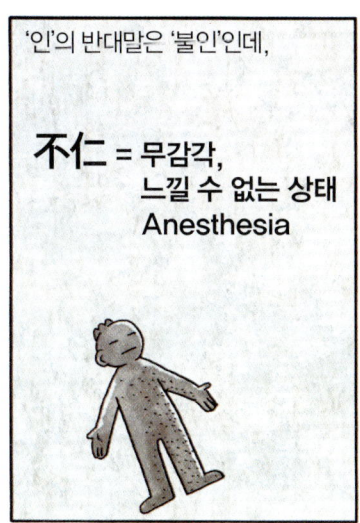

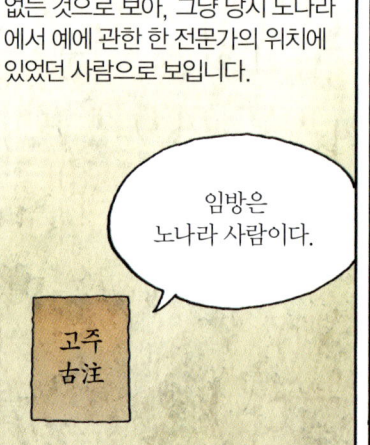

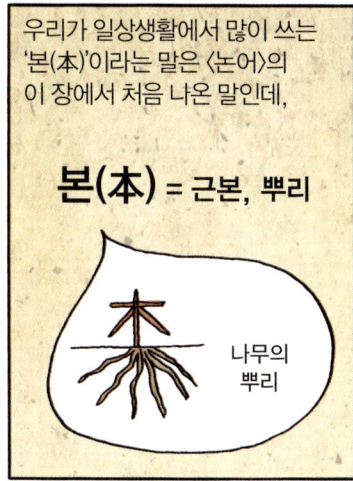
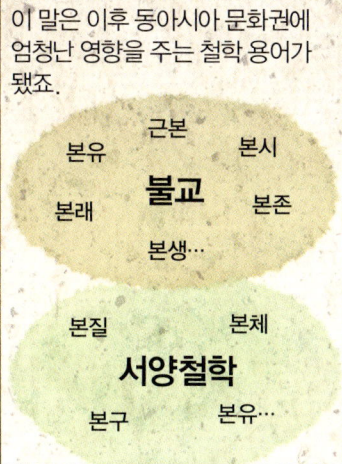

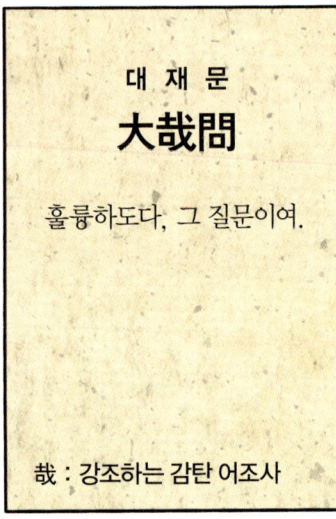

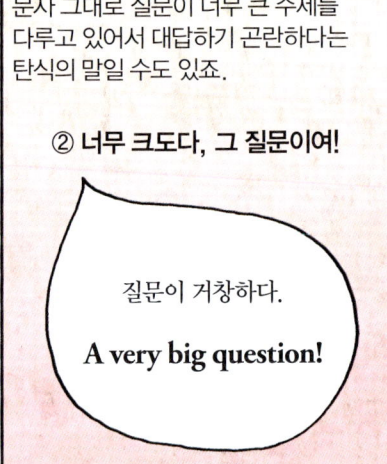

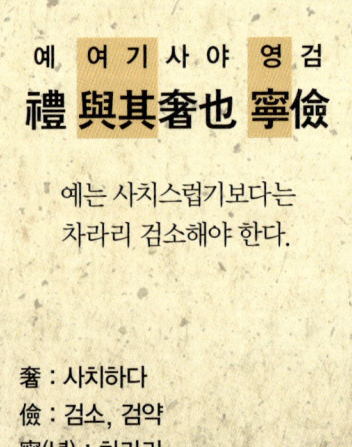
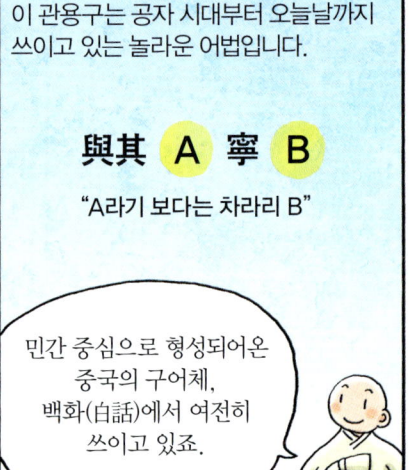

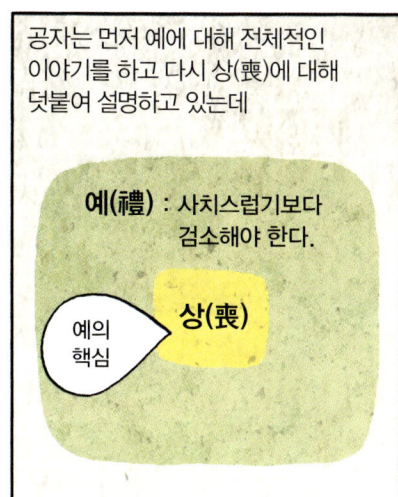
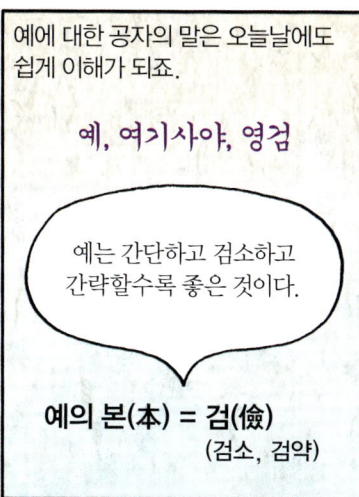
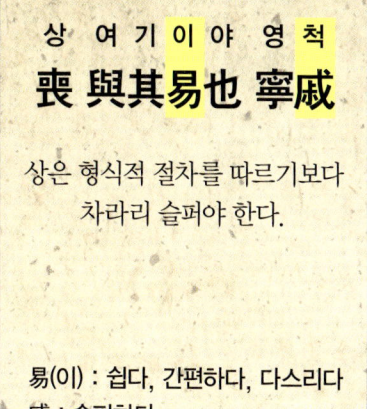

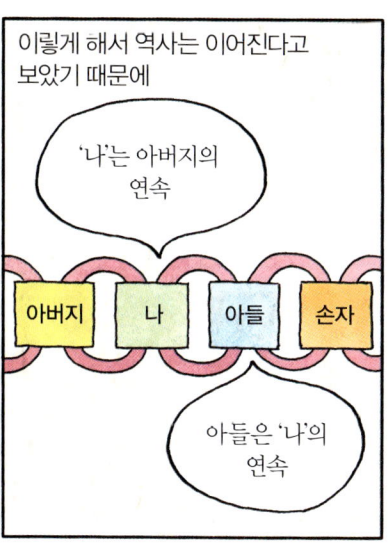

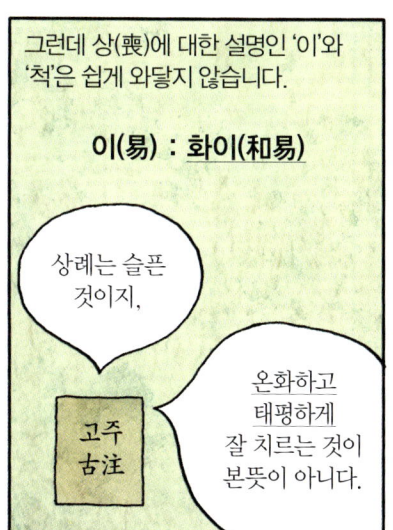
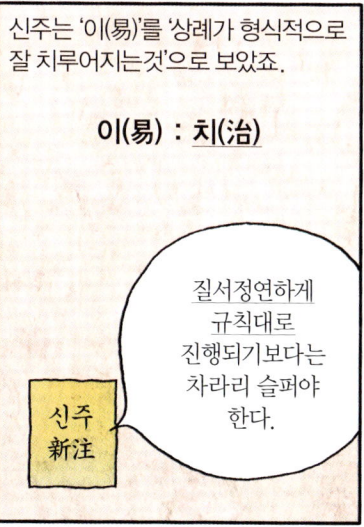

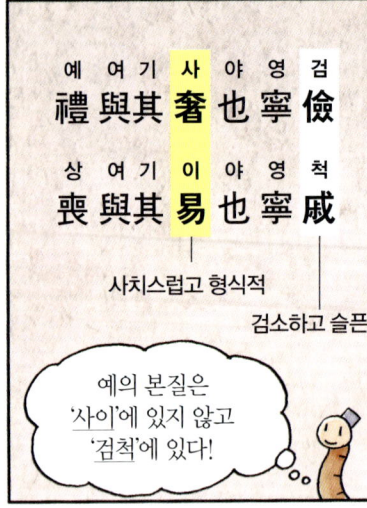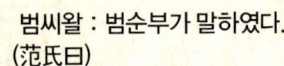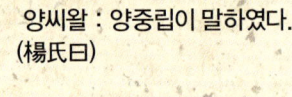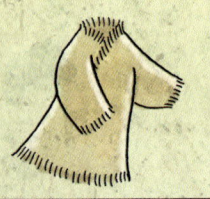

3-5 子曰: "夷狄之有君, 不如諸夏之亡也."
자왈　이적지유군　불여제하지무야

공자께서 말씀하셨다.

"오랑캐에게 군주가 있다 해도 그것은 중원의 여러 나라들이 군주가 없는 것만도 같지 못하다."

'이적'은 오랑캐를 뜻하는데, 그 범위를 확실히 정하기에는 어려움이 있습니다.

오랑캐 이(夷)
오랑캐 적(狄)

당시에는 중원 지역을 뺀 나머지 지역을 다 오랑캐라고 불렀기 때문이죠.

우리 빼고 다 오랑캐!

황하강 중류 지역

중원(中原) = 제하(諸夏)

그러나 오랑캐의 나라라고 해서 공자가 꼭 부정적으로 본 것만은 아닙니다.

"공자께서는 구이(九夷)의 나라에 가서 살고 싶어하셨다."
— [자한] 13

또한 인(仁)의 도덕은 제하와 이적을 가리지 않는 보편적인 것이라고 말씀하셨죠.

"평소에 거처하는 모습이 공(恭)해야 하고 일하는 모습은 경(敬)해야 하며, 사람을 사귀는 모습은 충(忠)해야 한다. 비록 이적(夷狄)의 나라에 간다 할지라도 이런 자세를 버려서는 안 된다."
— [자로] 19

불여제하지무야
不如諸夏之亡也

중원의 여러 나라들에 군주가 없는 것만도 같지 못하다.

不如~也 : ~하는 것만 같지 못하다
諸夏 : 중원, 중국
亡 : 없다(無)의 뜻일 때는 무로 읽음

고주(古注)에는 이적과 제하에 대한 좋고 나쁨의 판단이 없기 때문에 저는 고주를 따랐습니다.

'제하'는 중원의 나라들을 말한 것이다. '무(亡)'란 없다는 뜻이다.

포씨
芭氏

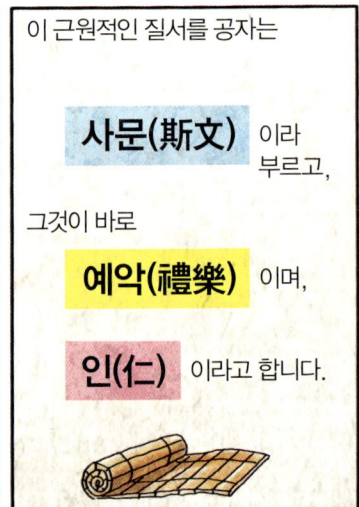

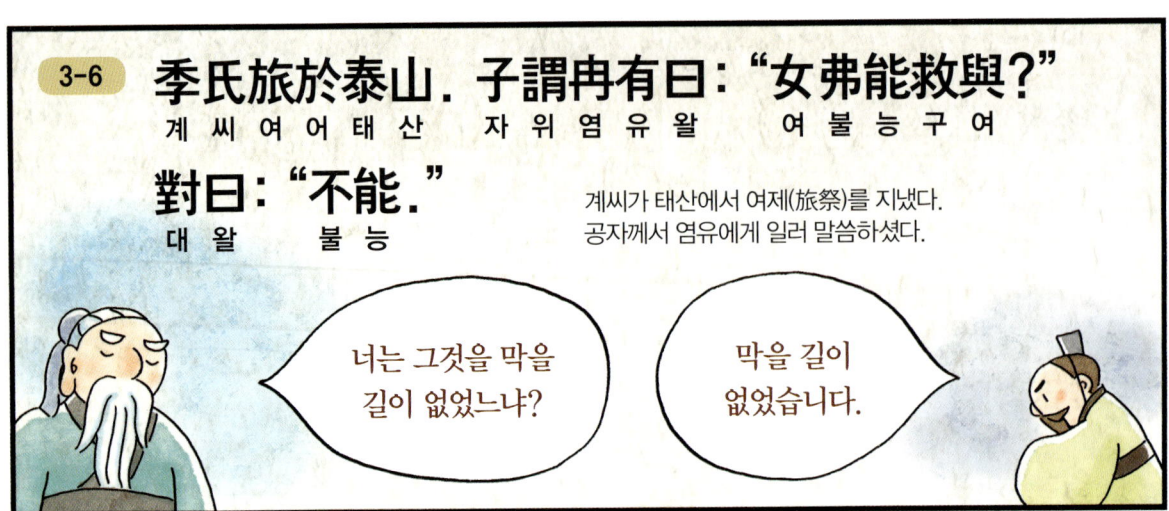

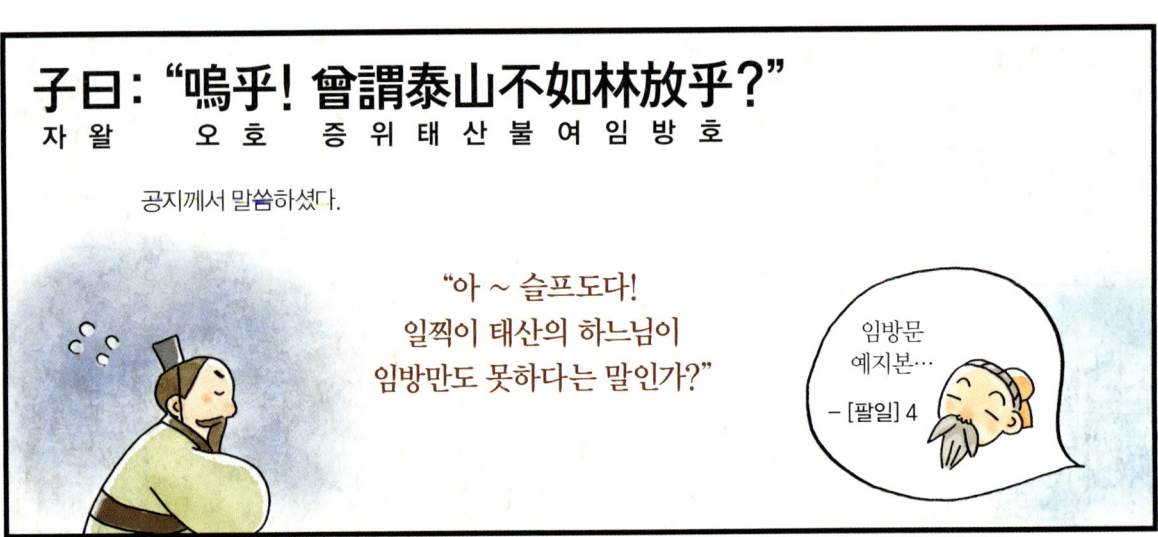

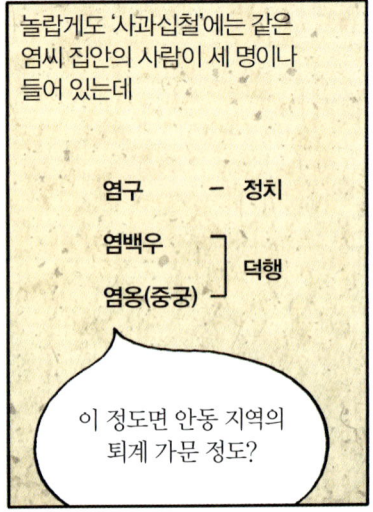

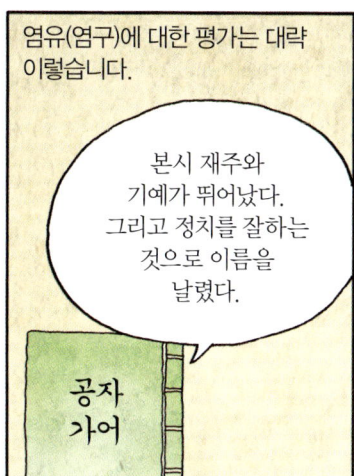

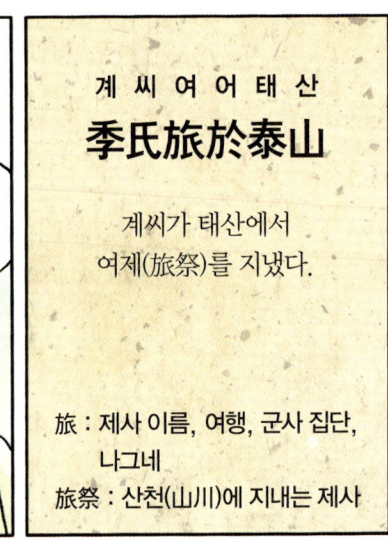

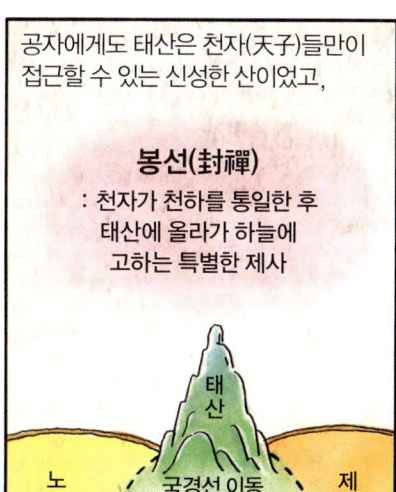
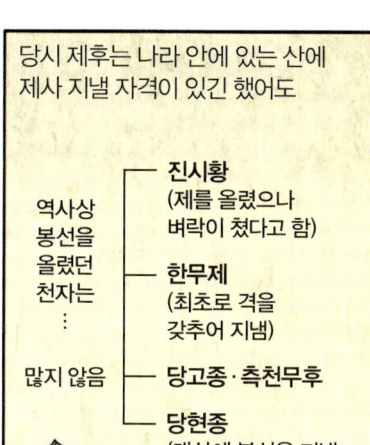

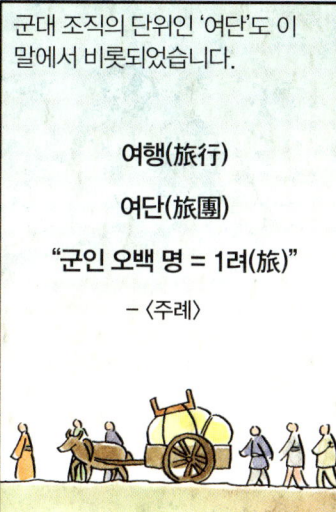

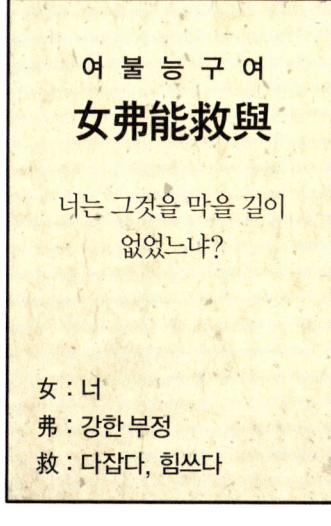

3-7 子曰:"君子無所爭, 必也射乎!
자왈 군자무소쟁 필야사호

공자께서 말씀하셨다.

"군자는 다투는 법이 없다.
그러나 굳이 다투는 것을 말하자면
활쏘기 정도일 것이다.

揖讓而升, 下而飮. 其爭也君子."
읍양이승 하이음 기쟁야군자

상대방에게 읍하고 사양하면서 당에 오르고,
또 당에서 내려와서는 벌주를 마신다.
이러한 다툼이야말로 군자스럽지 아니한가!"

쟁(爭)의 문제는 유가와 도가에서 중요한 주제로 다루어져 왔습니다.

군자무소쟁   부쟁

쟁(爭)
: 경쟁, 시합
competition

'쟁'은 인간 사회를 유지시키는 효율적인 방법이지만, 인간을 파괴시키죠.

그러나 인간 사회에서 쟁을 근원적으로 거부할 수는 없기 때문에 공자는 군자다운 '쟁'에 대해 말하려는 거죠.

군자의 쟁(爭)!

팔일제삼(八佾第三)

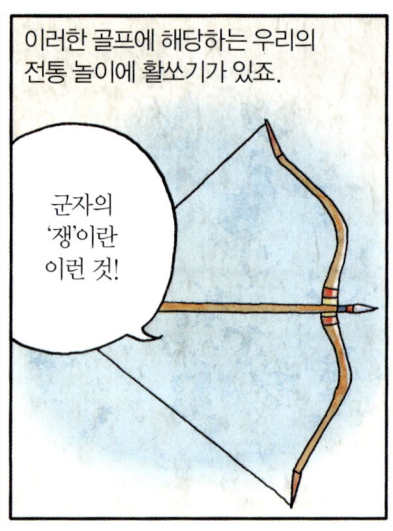

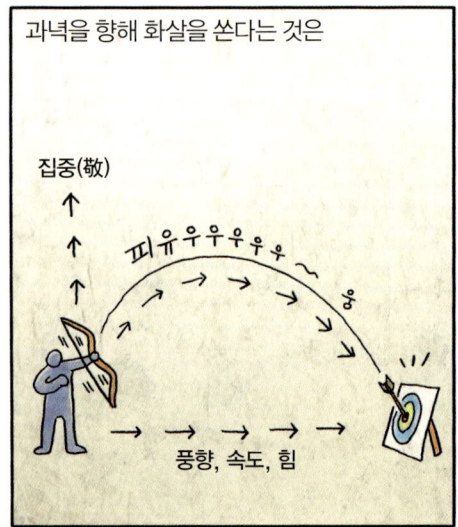

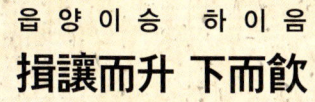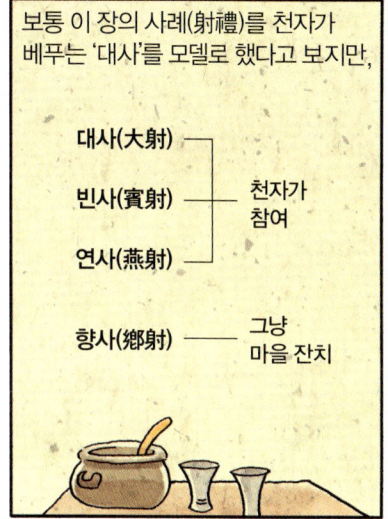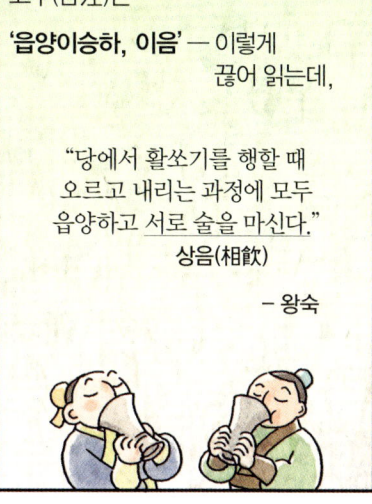

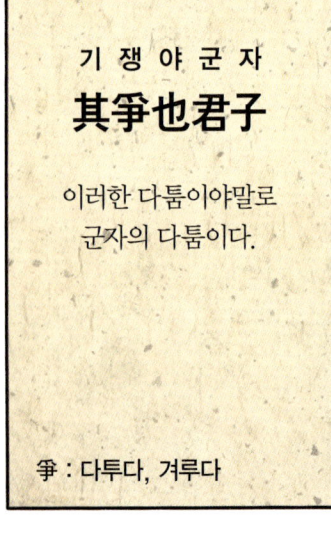

3-8 子夏問曰：" '巧笑倩兮, 美目盼兮, 素以爲絢兮.'
자하문왈　　　　교소천혜　미목반혜　소이위현혜
何謂也?"
하위야

자하가 여쭈어 말하였다.

" '어여쁜 웃음 보조개 짓고,
아리따운 눈동자 흑백이 분명하니,
흰 것으로 광채를 내도다!' 하니,
이것은 무엇을 일컬은 것입니까?"

子曰："繪事後素." 曰："禮後乎?"
자왈　　회사후소　　왈　　예후호

공자께서 말씀하셨다.　　　　　　　　　　자하가 말하였다.

그림 그리는 일은
흰 것을 뒤로 한다.

예가 제일 뒤에
오는 것이겠군요?

子曰："起予者商也! 始可與言詩已矣."
자왈　기여자상야　시가여언시이의

공자께서 말씀하셨다.

"나를 깨우치는 자, 상(商)이로다!
비로소 너와 더불어
시를 말할 수 있겠구나!"

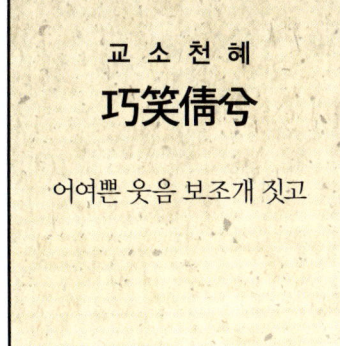
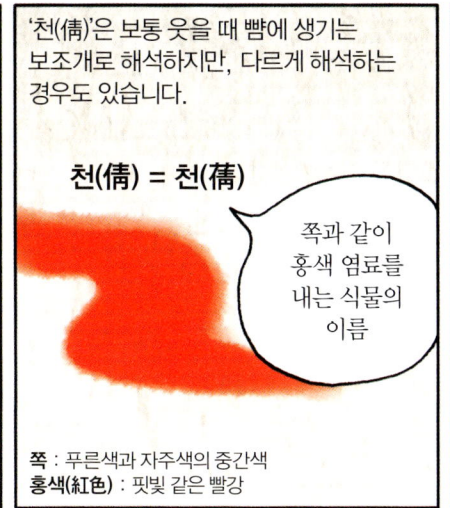
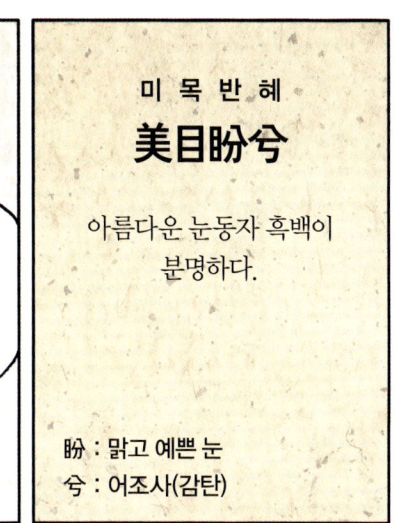
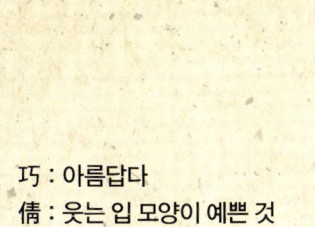

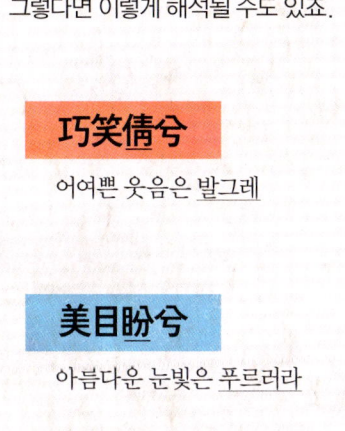
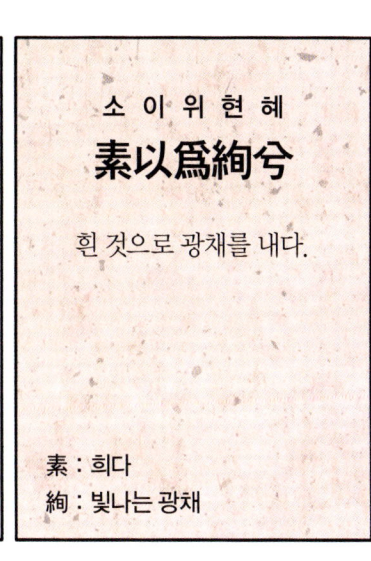
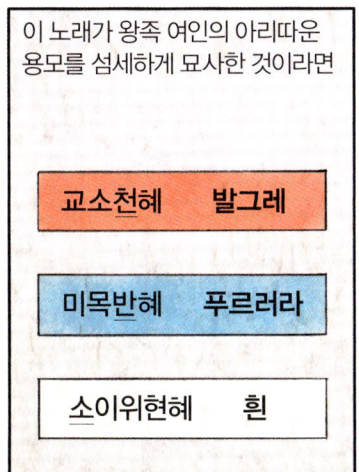

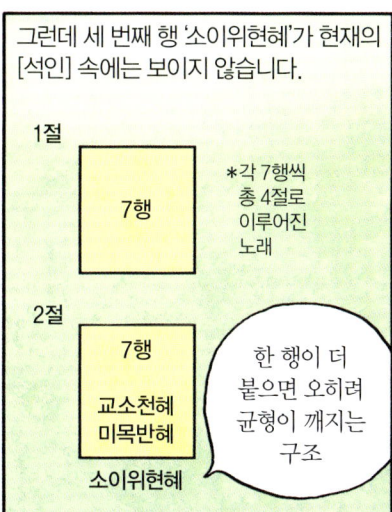

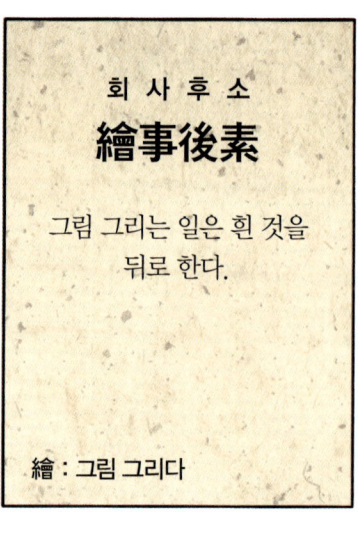
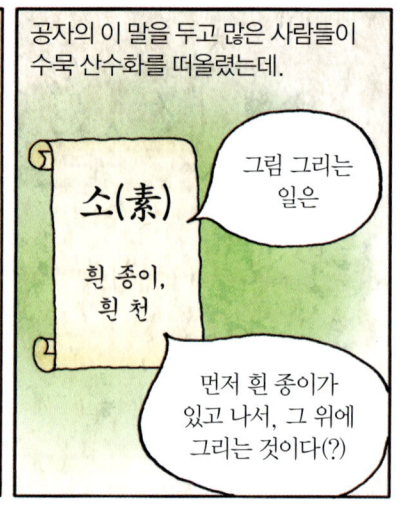

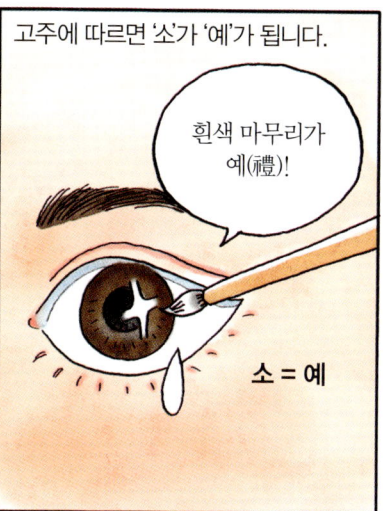

3-9

子曰: "夏禮, 吾能言之, 杞不足徵也;
자왈 　 하례 　 오능언지 　 기부족징야

殷禮, 吾能言之, 宋不足徵也.
은례 　 오능언지 　 송부족징야

공자께서 말씀하셨다.

"하나라의 예는 내가 말할 수 있지만
그 후예인 기나라가 증험을 대주지 못하며,
은나라의 예 또한 내가 말할 수는 있지만
그 후예인 송나라가 증험을 대주지 못한다.

文獻不足故也. 足, 則吾能徵之矣."
문헌부족고야 　 족 　 즉오능징지의

문헌 자료와 구두 자료가 모두 부족하기 때문이다.
그런 자료들이 충분하다면, 나는 하·은의 예를
증명해낼 수 있을 텐데."

제가 숨은 뜻까지
드러나게 번역했지만,
사실 이 문장만으로
그 뜻을 파악하기 쉽지
않습니다.

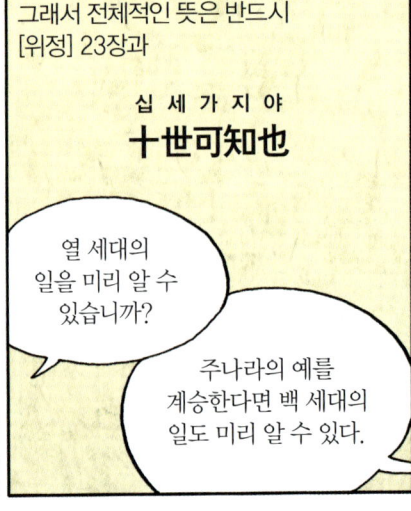

그래서 전체적인 뜻은 반드시
[위정] 23장과

십세가지야
十世可知也

열 세대의
일을 미리 알 수
있습니까?

주나라의 예를
계승한다면 백 세대의
일도 미리 알 수 있다.

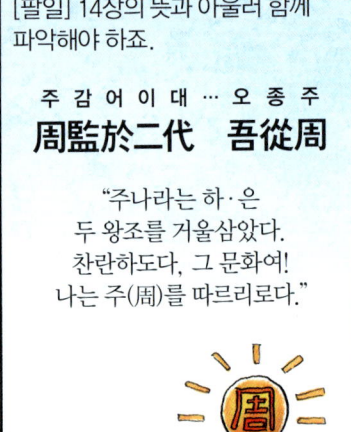

[팔일] 14장의 뜻과 아울러 함께
파악해야 하죠.

주감어이대 … 오종주
周監於二代　吾從周

"주나라는 하·은
두 왕조를 거울삼았다.
찬란하도다, 그 문화여!
나는 주(周)를 따르리로다."

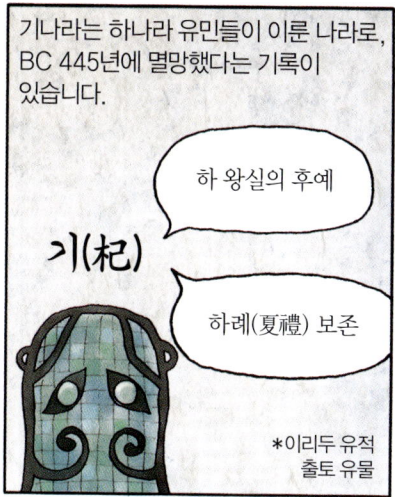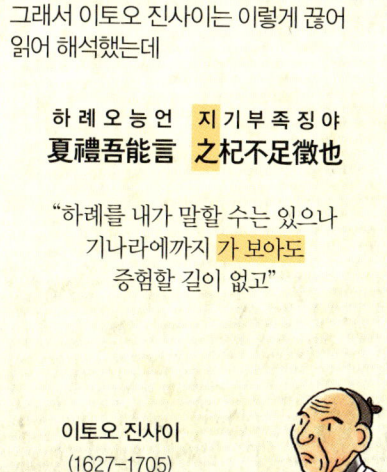

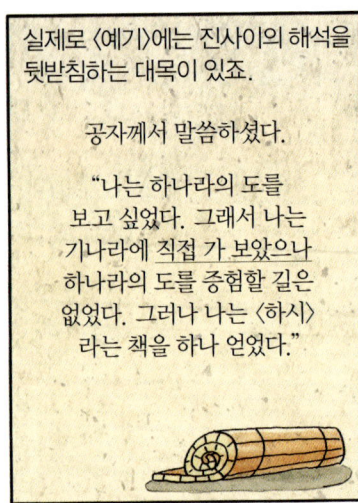
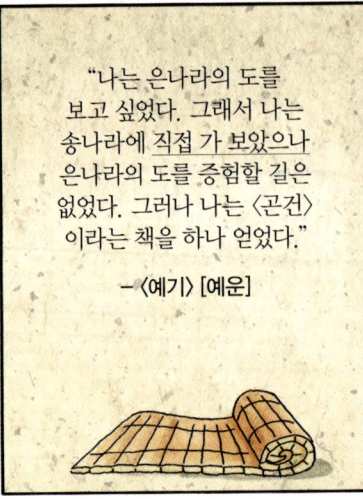

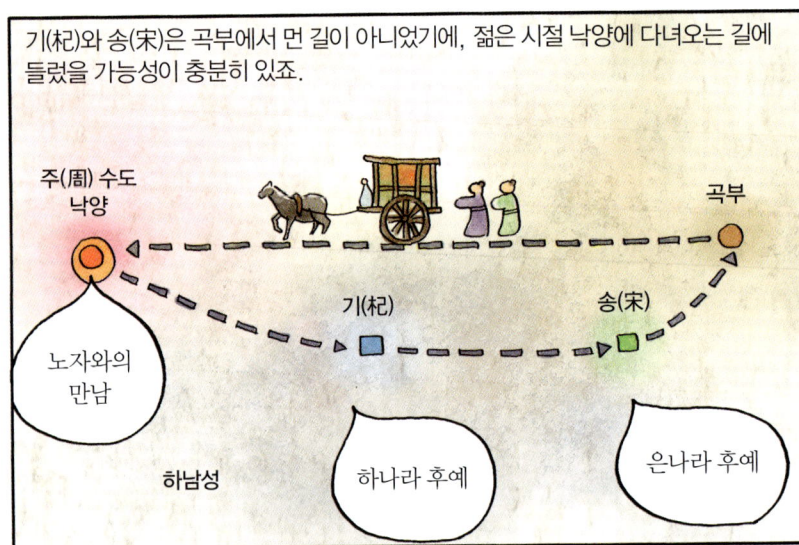

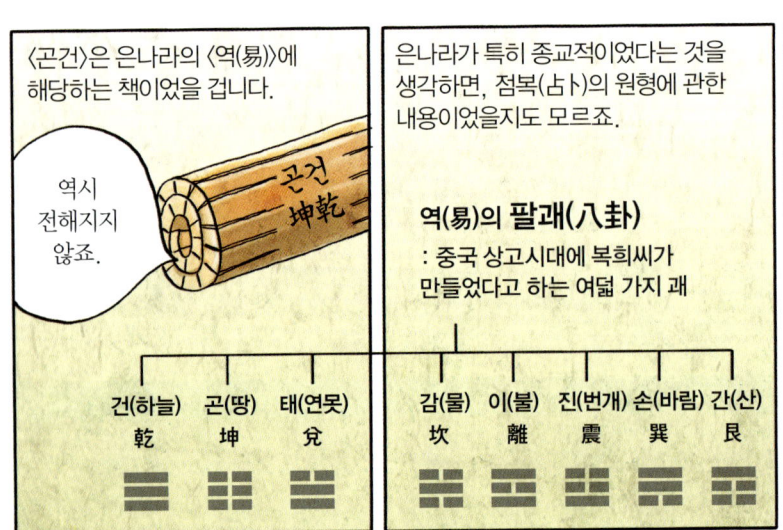

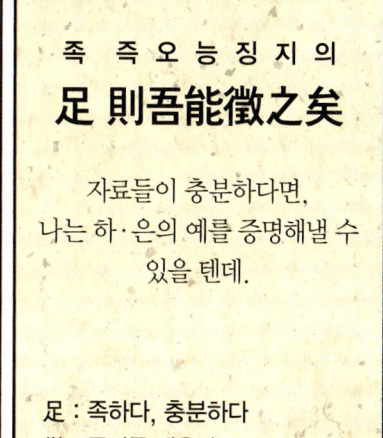

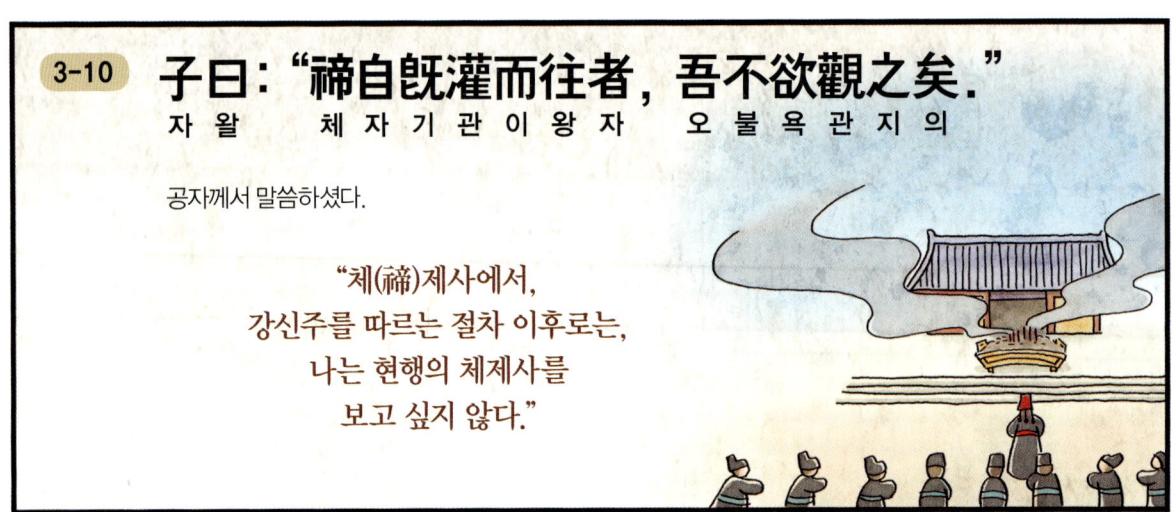

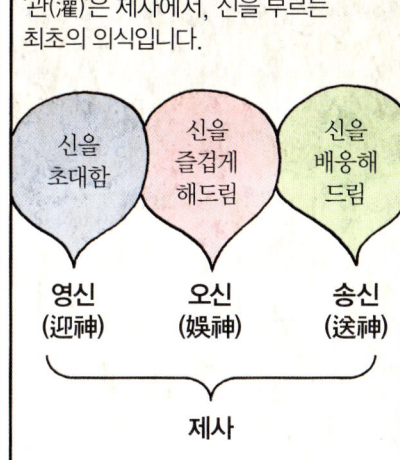

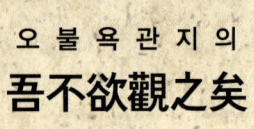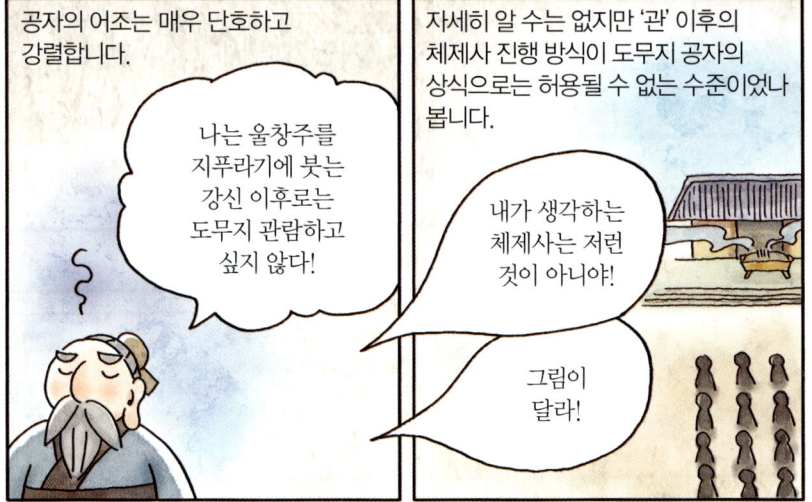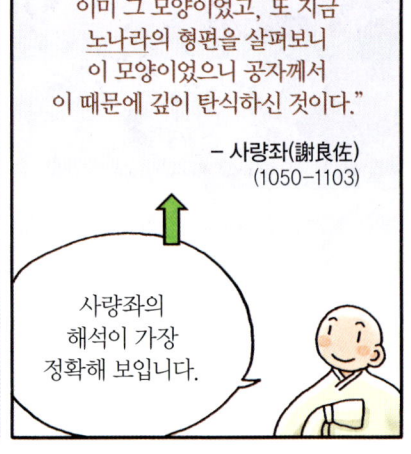

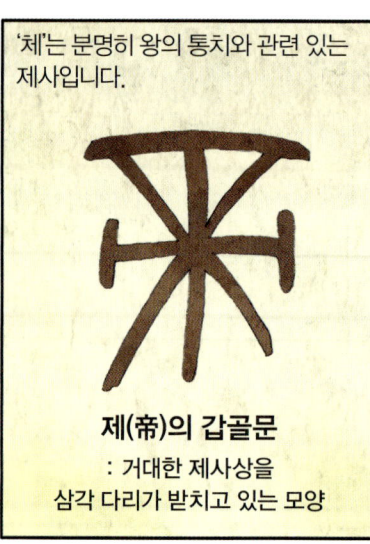

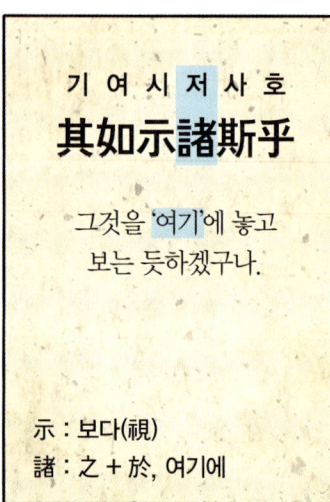

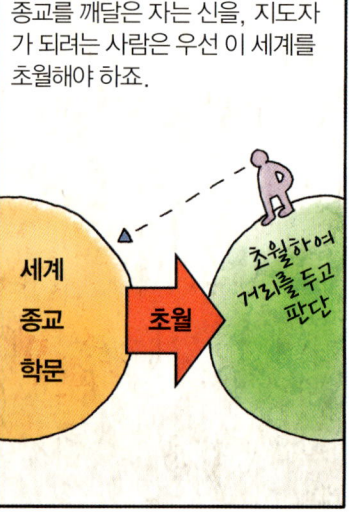

3-12 祭如在, 祭神如神在.
제 여 재   제 신 여 신 재

제사를 지낼 적에는 있는 것같이 하라 함은,
하느님을 제사 지낼 적에는
하느님이 계시는 것같이 하라는 뜻이다.

子曰: "吾不與祭, 如不祭."
자 왈   오 불 여 제   여 부 제

공자께서 말씀하셨다.

"내가 직접 참여하여 제사를
지내지 않았다면, 그것은 제사를
지내지 않은 것과도 같은 것이다."

자왈 앞의 문장은 분명 공자의 말이 아닌, 당시에 널리 쓰이던 표현이거나 어떤 고전을 인용한 것입니다.

제여재, 제신여신재.

우선, 정자(程子)는 제사를 둘로 나누어 풀이했지만

祭 **如在** — 효(孝)
자기 조상을 제사 지내는 것

祭 **神如神在** — 경(敬)
자기 조상 이외의 신들을 제사 지내는 것

신의 세계에서 조상신과 다른 신이 확실히 구분된다는 게 오히려 더 어색해 보입니다.

넌 몇 살에 죽었니?

조상 신(?)   다른 신(?)

신의 세계에서는 인간 세계에서의 지위나 나이가 소용없다능~

팔일제삼(八佾第三)

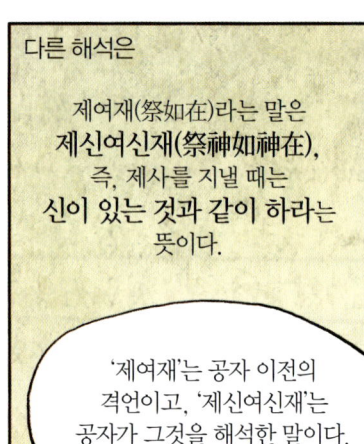

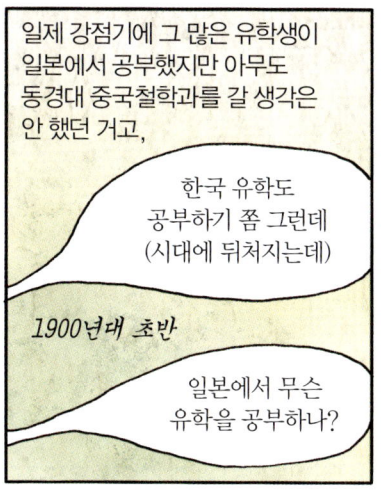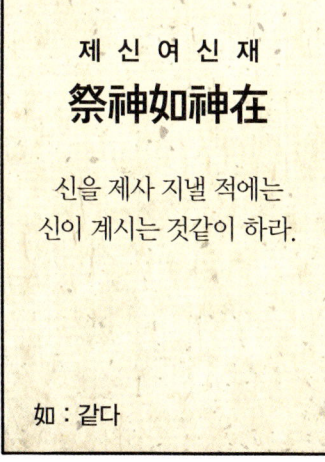

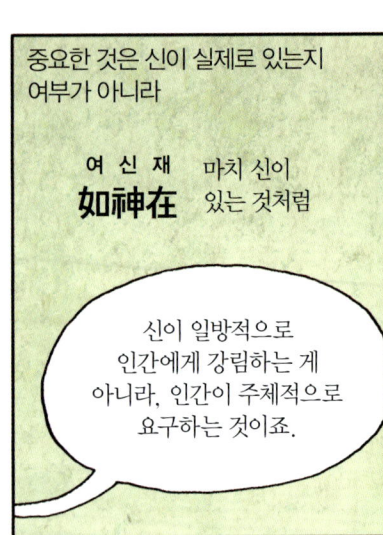

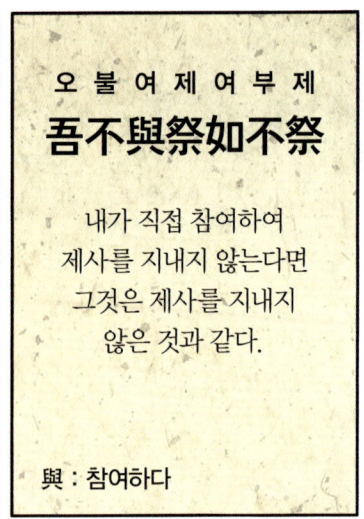

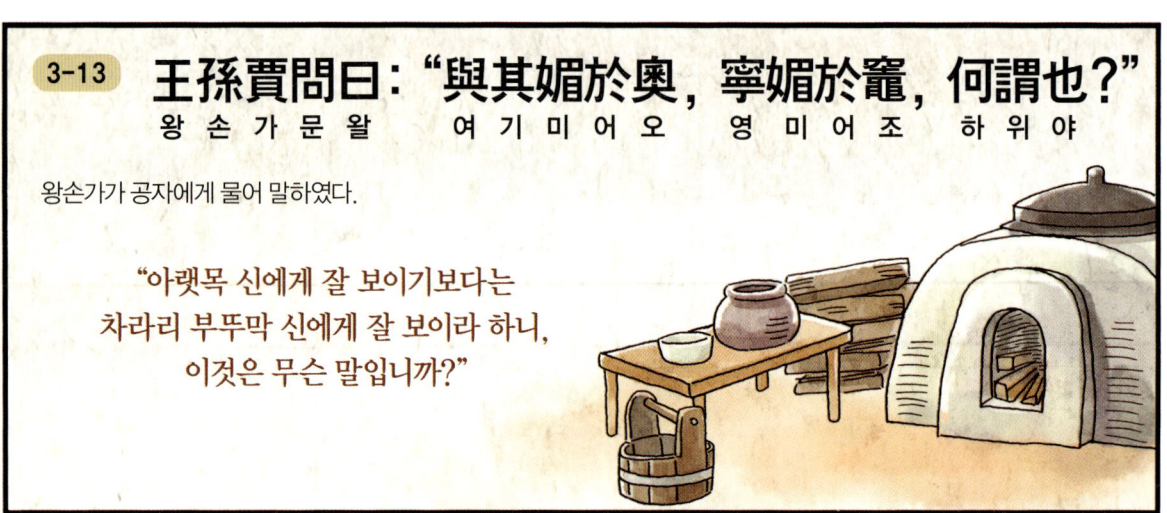

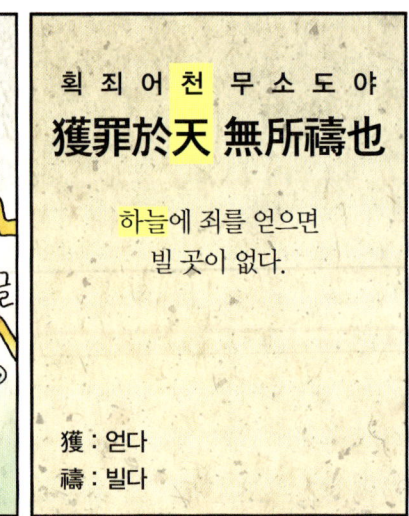

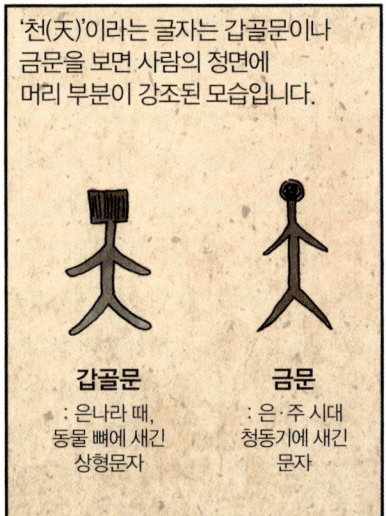

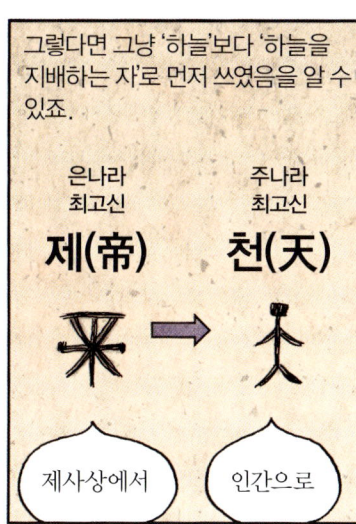

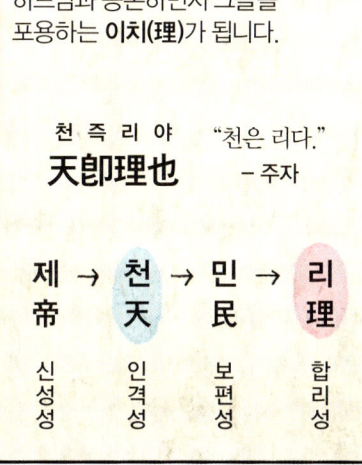

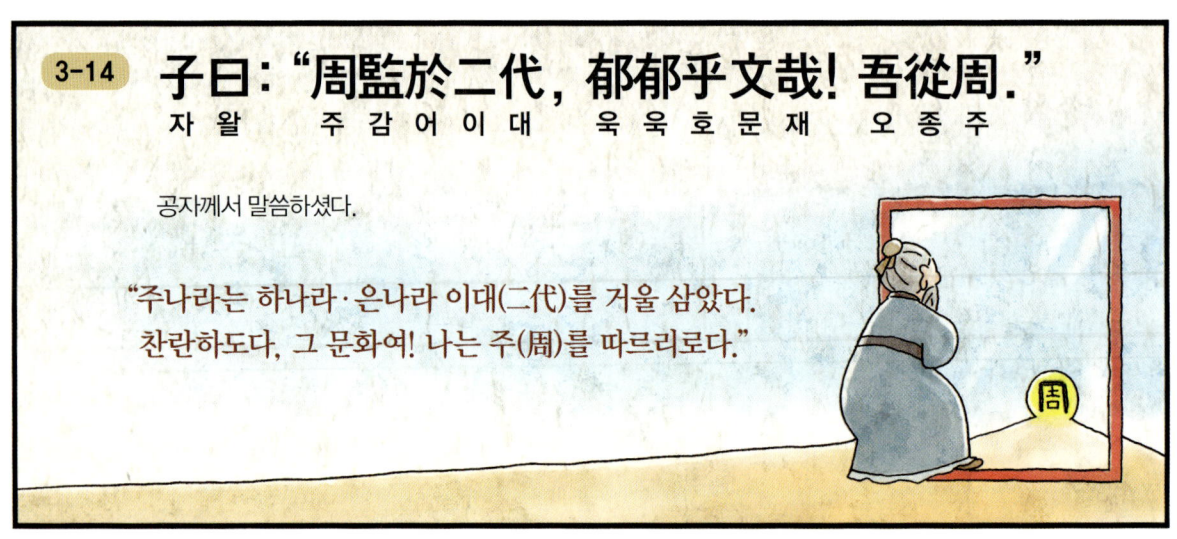

3-14 子曰:"周監於二代, 郁郁乎文哉! 吾從周."
자왈 　주감어이대　 　욱욱호문재　 오종주

공자께서 말씀하셨다.

"주나라는 하나라·은나라 이대(二代)를 거울 삼았다. 찬란하도다, 그 문화여! 나는 주(周)를 따르리로다."

이 장은 이미 여러 번 나왔기 때문에 긴 설명은 필요치 않을 듯합니다.

'감(監)'은 '거울삼다'의 뜻으로, 두 왕조를 계승 발전시켰다는 말이죠.

監 : 본받거나 경계하는 데 도움이 되다.

예) 자치통감 資治通鑑

'다스리는 데 참고가 되는 큰 거울'이라는 제목의 역사책.

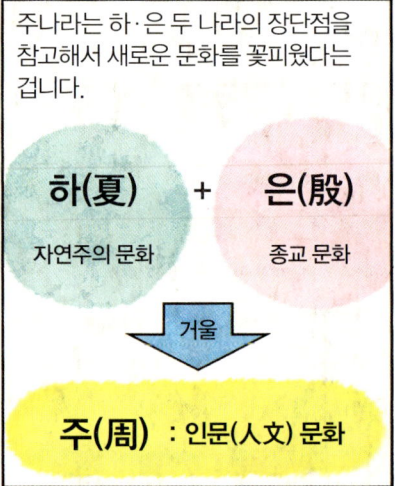

주나라는 하·은 두 나라의 장단점을 참고해서 새로운 문화를 꽃피웠다는 겁니다.

하(夏) 자연주의 문화 + 은(殷) 종교 문화

거울 ↓

주(周) : 인문(人文) 문화

'욱욱(郁郁)'은 성대하고 찬란한 모습입니다.

욱욱청청(郁郁靑靑) : 향기가 높고 나무가 무성하여 푸름

'문(文)'은 본시 '문자'라는 뜻에서 출발했지만,

요즈음 우리가 쓰는 '문화'라는 뜻에 가깝다고 보면 되죠.

문화 (文化) 의식주, 언어, 풍속, 도덕, 종교, 학문, 예술 등등

오종주(吾從周)!

이 한마디처럼 강렬하게 공자의 삶과 이상을 표현한 문구는 없습니다.

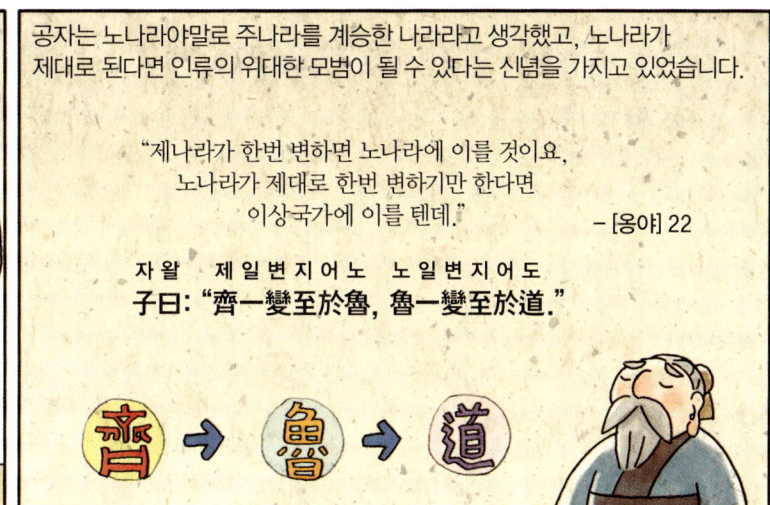

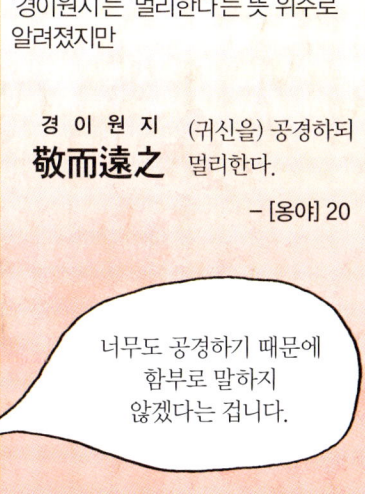

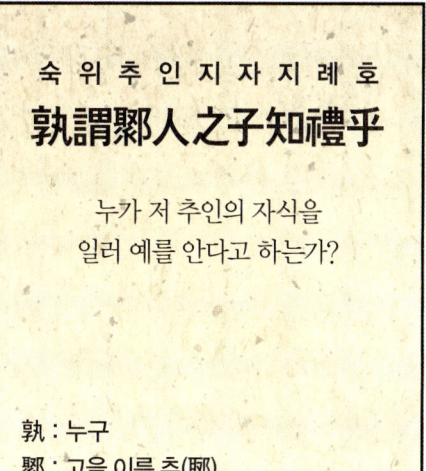

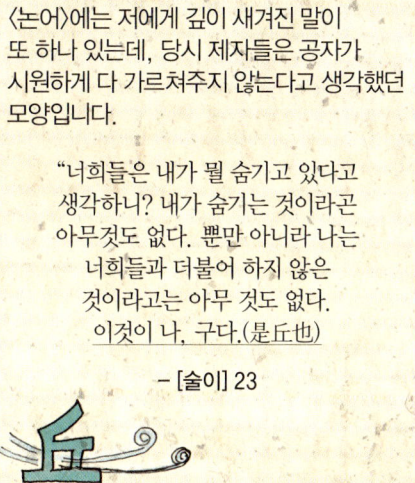

3-16 子曰:"射不主皮, 爲力不同科, 古之道也."
자왈 사부주피 위력부동과 고지도야

공자께서 말씀하셨다.

"활쏘기는 과녁의 가죽을 뚫는 것을 장기로 삼지 않고,
힘을 쓰는 운동은 획일적 기준으로 그 등급을 매기지는 않는다.
이것이 곧 옛사람의 도이다."

이 장의 활쏘기는 〈의례〉에 나오는 향사례에 관한 것이지만

향사례 (鄕射禮)
: 활 솜씨를 겨루는 행사

공자 시대에 향사례의 완성된 형식이 있었던 것은 아니고

훨씬 더 후대에 설자가 굳어지면서 〈의례〉 등에 실리게 된 거죠.

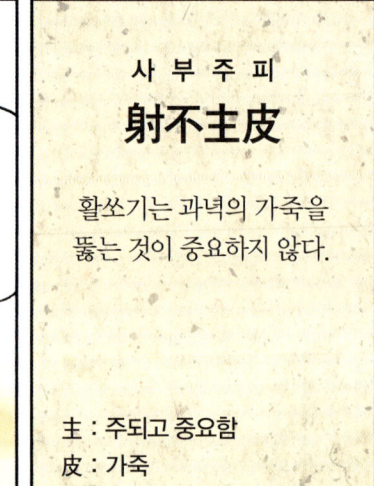

사 부 주 피
射不主皮

활쏘기는 과녁의 가죽을 뚫는 것이 중요하지 않다.

主 : 주되고 중요함
皮 : 가죽

'사부주피'는 활 쏘는 방식에 관한 이야기입니다.

활쏘기의 최대 목적은 물론, 과녁을 맞추는 것이죠.

과녁 = 관혁(貫革)
: 곡의 가죽을 뚫음

그런데 과녁을 맞추되 가죽을 얼마나 뚫고 나가느냐의 방식으로 활쏘기 의미가 바뀌었다는 겁니다.

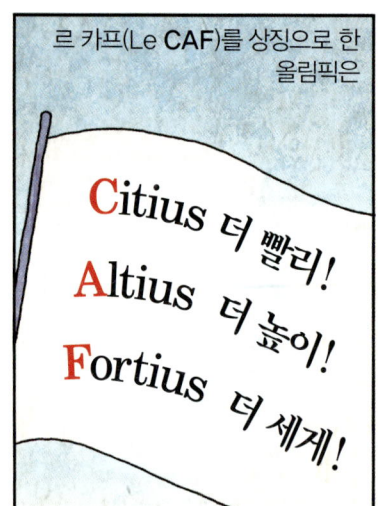

3-17 子貢欲去告朔之餼羊.
자공욕거곡삭지희양

자공이 초하루를 알리는 제식에
바치는 희생양 제도를 없애려 하였다.

子曰: "賜也! 爾愛其羊, 我愛其禮."
자왈 사야 이애기양 아애기례

공자께서 말씀하셨다.

"사야, 너는 그 양을 아끼는구나.
나는 그 예를 아끼노라."

이 장을 이해하려면 우선
달력, 즉 '역'이라고 하는
인류문명의 현상을 이해할
필요가 있습니다.

역(曆) :
천체의 운행에
따라 일정한
시간의 길이를
나누는 시스템.
Calendar.

오늘이 몇 월 며칠인지 지금의
우리는 쉽게 알지만 옛 사람들은
그렇지 못했죠.

인간이 쉽게 알아차릴 수 있는
몇 가지 자연적 주기들이 있습니다.

하루 : 알 수 있다 — 해 뜨고 짐

한 달 : 알 수 있다 — 달 차고 기움

일년 : 알 수 있다 — 봄 여름 가을 겨울

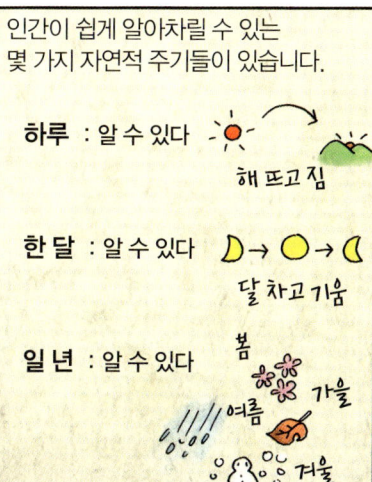

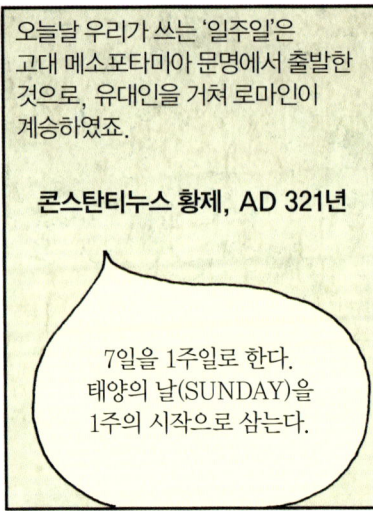
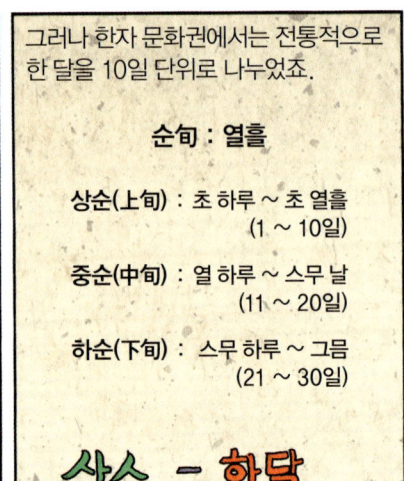
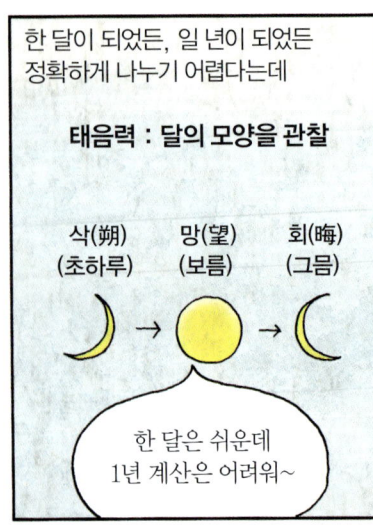
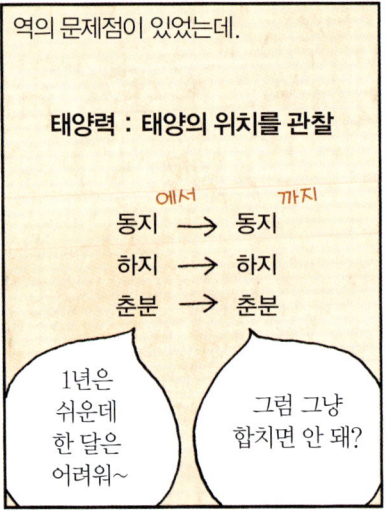
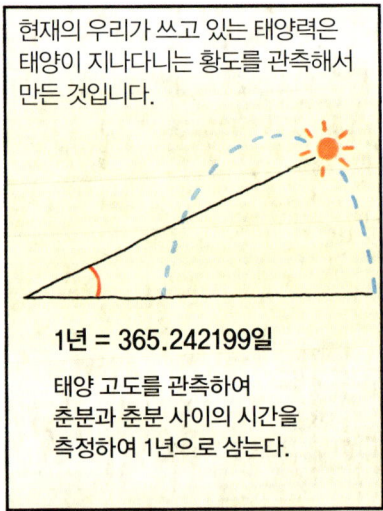
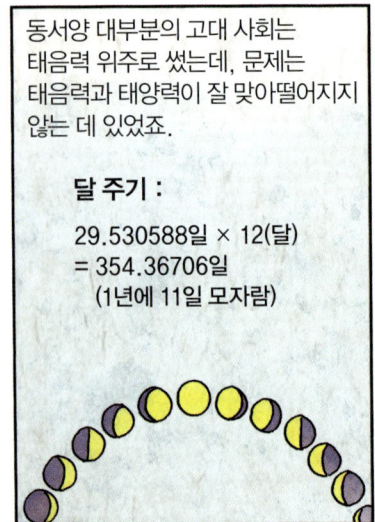
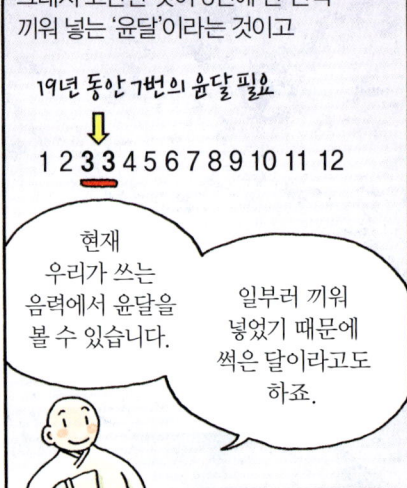

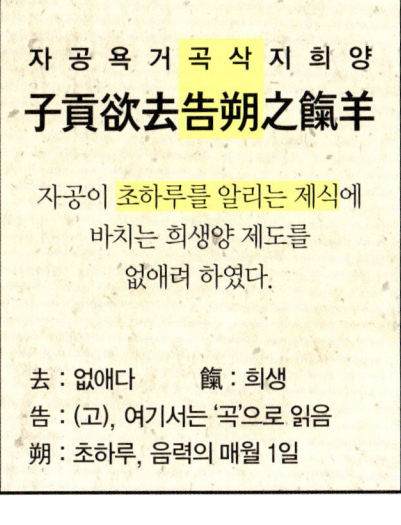

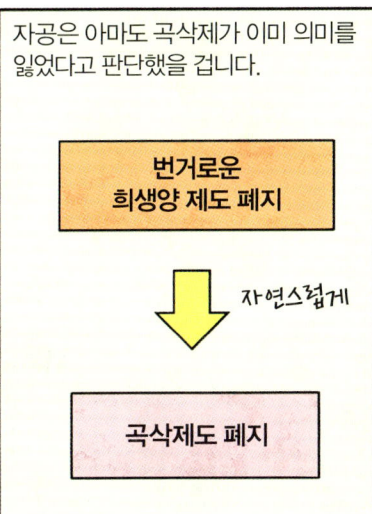
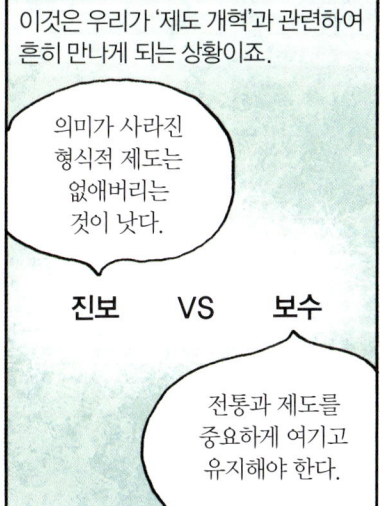

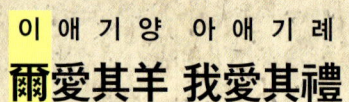
爾愛其羊 我愛其禮
너는 그 양을 아끼느냐,
나는 그 예를 아끼노라.

爾 : 너
愛 : 아끼다

그러나 공자에게 있어 곡삭의 의미는 매우 소중한 것이었고,

제식은 비록 폐지되었어도 희생양이라도 남아 있으면 언젠가 그 예를 복구할 수 있다.

예의 가치를 효율성만으로 따질 수는 없다고 생각했죠.

그러나 그 양마저 없애버리면 '곡삭'이라는 명칭도 없어져버릴 것이요, 그 예를 다시 복원할 길이 없어진다.

공자의 이 말씀은 무엇이든 삭삭 흔적도 없이 바꾸어 버리는 것이 역사의 진보라고 생각하는

번거로운 절차일지라도 중요 예식과 전통은 남겨 두는 것이 사회에 의미 있을 때가 많죠.

없앨 것은 없애고 남길 것은 남겨야 혼란이 없습니다.

요즘 세태에 대한 경고이기도 합니다.

왜 우리가 문화유산을 아껴야 합니까?

단지 관광 수입 때문인가요?

개혁이 어느 때나 항상 무조건 옳은가요?

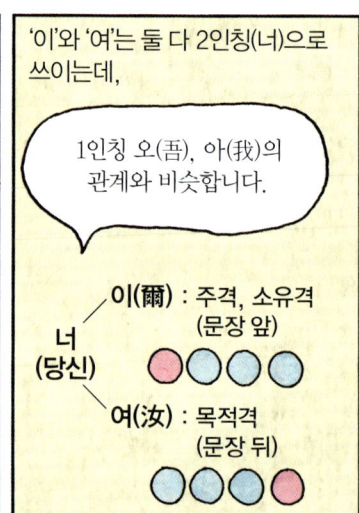
'이'와 '여'는 둘 다 2인칭(너)으로 쓰이는데,

1인칭 오(吾), 아(我)의 관계와 비슷합니다.

이(爾) : 주격, 소유격 (문장 앞)

너 (당신)

여(汝) : 목적격 (문장 뒤)

다산은 곡삭을 천자의 명을 받은 사신이 행하는 예로 봤으나

"곡삭이란 천자의 사신이 노나라에 와서 정월 초하루를 알려주는 제식이다. …희양(餼羊)이란 빈객(천자의 사신)을 맞이할 때 사용하는 희생이다."

저는 신주와 같이 그냥 평범한 노나라의 곡삭례였을 거라고 봅니다.

"매월 초하룻날이 되면 제후들이 한 마리의 좋은 양을 가지고 종묘에 (전 해에 천자가 반포한 역을) 아뢰면서 청하여 이를 시행하는 것이다."

역(曆)은 단지 시간의 변화가 아닌 고대인의 삶의 질서였기에,

공자는 역을 알리는 예가 현실적으로 중요하다고 생각한 것이죠.

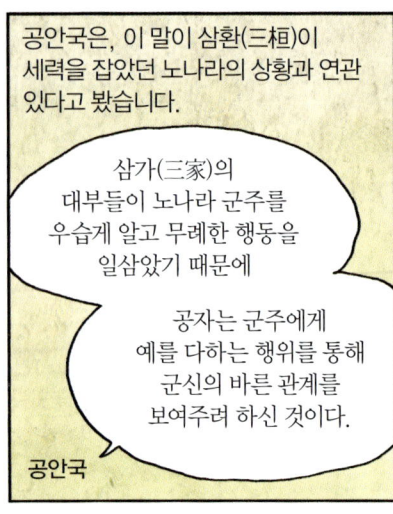

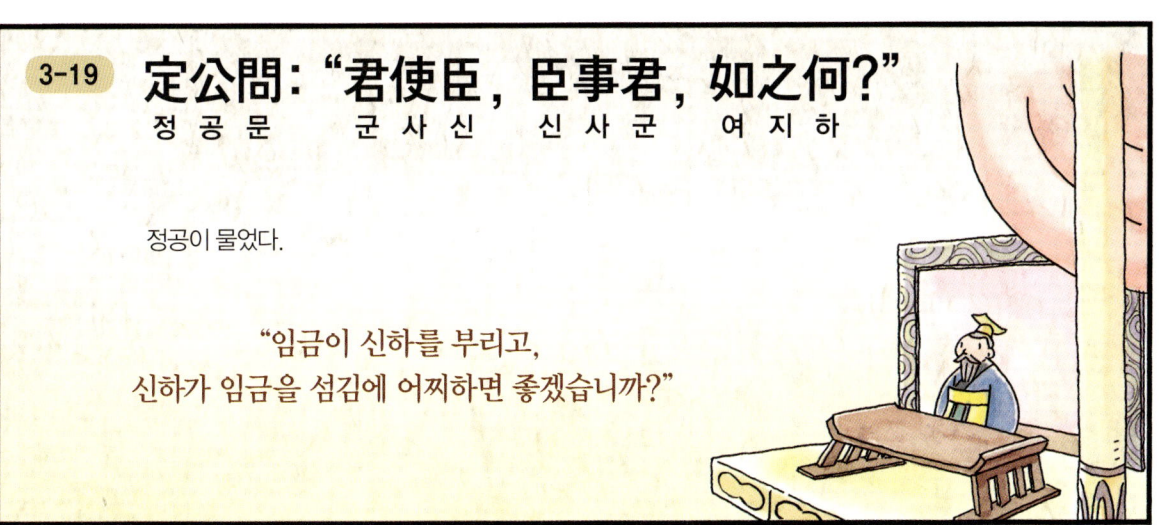

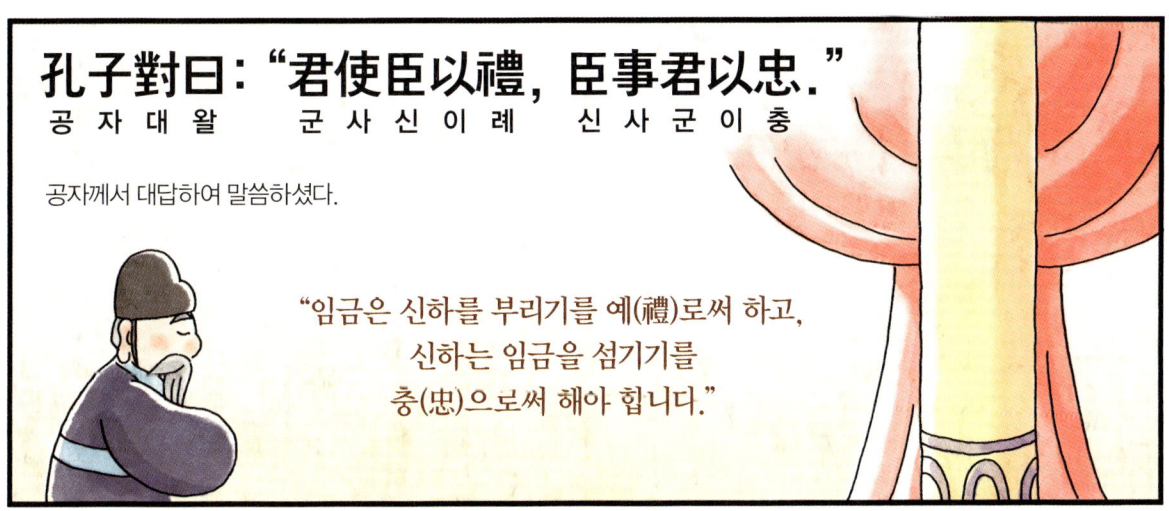

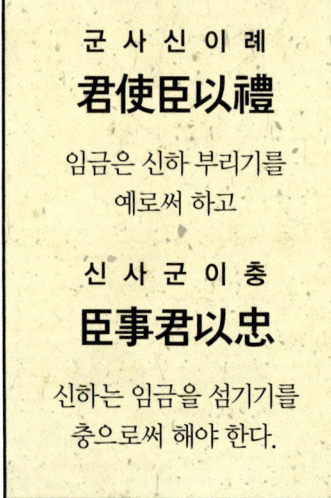

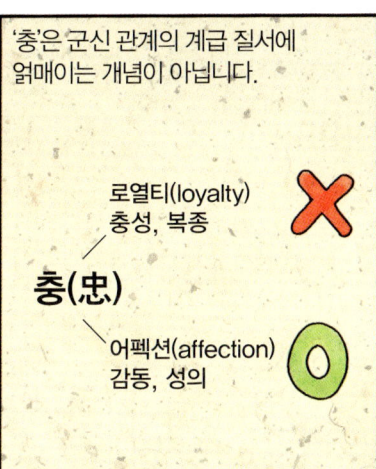

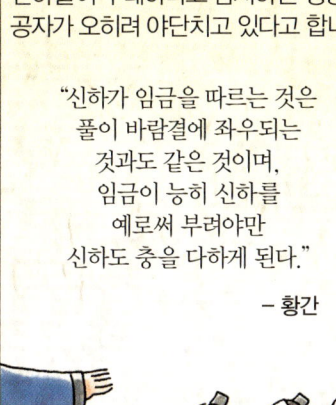

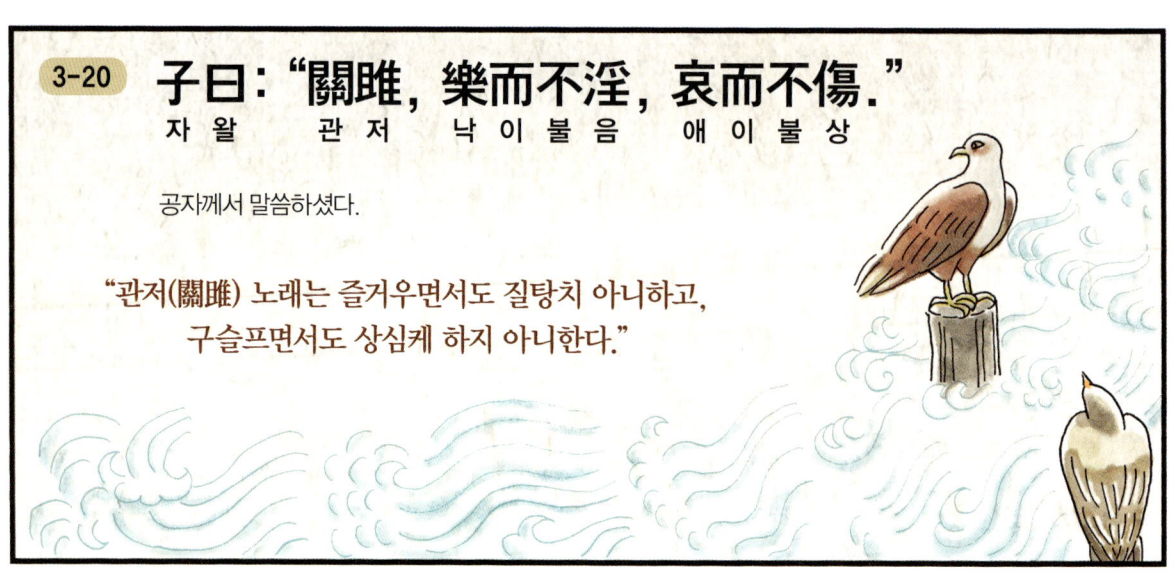

3-20 子曰:"關雎, 樂而不淫, 哀而不傷."
자왈 관저 낙이불음 애이불상

공자께서 말씀하셨다.

"관저(關雎) 노래는 즐거우면서도 질탕치 아니하고,
구슬프면서도 상심케 하지 아니한다."

공자의 음악 사상을 말해주는 유명한 장입니다.

낙이불음!

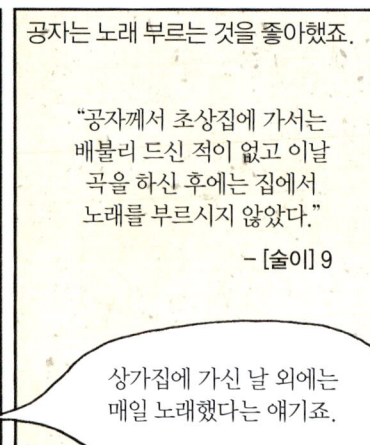

공자는 노래 부르는 것을 좋아했죠.

"공자께서 초상집에 가서는 배불리 드신 적이 없고 이날 곡을 하신 후에는 집에서 노래를 부르시지 않았다."
— [술이] 9

상가집에 가신 날 외에는 매일 노래했다는 얘기죠.

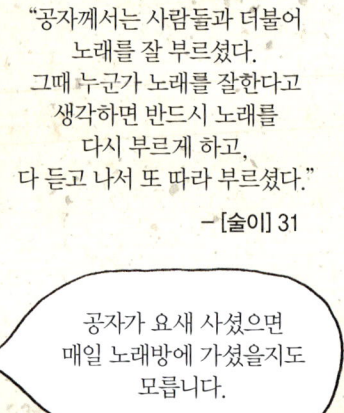

"공자께서는 사람들과 더불어 노래를 잘 부르셨다. 그때 누군가 노래를 잘한다고 생각하면 반드시 노래를 다시 부르게 하고, 다 듣고 나서 또 따라 부르셨다."
— [술이] 31

공자가 요새 사셨으면 매일 노래방에 가셨을지도 모릅니다.

그런 공자가 당시 흩어져 있던 모든 민요를 수집해 편찬한 〈시(詩)〉가,

지금의 〈시경(詩經)〉입니다.

〈시경〉은 당시의 노래집이었죠.

노래를 아는 사람에게 직접 배워야 하는 단점이 있었지만

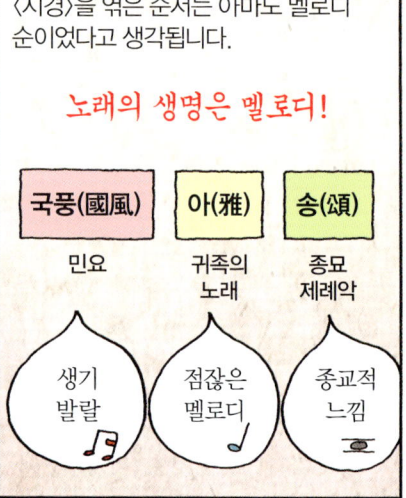

〈시경〉을 엮은 순서는 아마도 멜로디 순이었다고 생각됩니다.

노래의 생명은 멜로디!

국풍(國風)	아(雅)	송(頌)
민요	귀족의 노래	종묘 제례악
생기 발랄	점잖은 멜로디	종교적 느낌

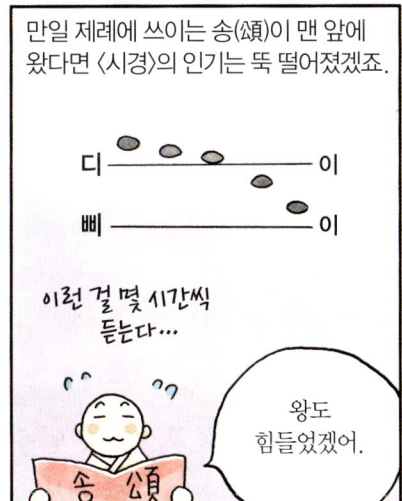
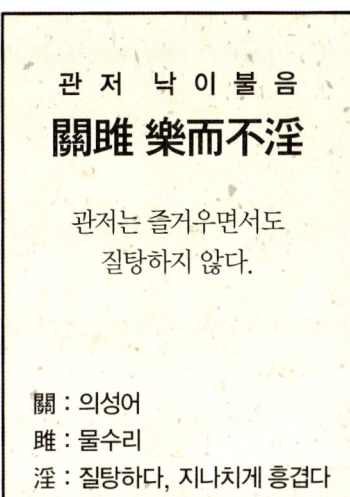

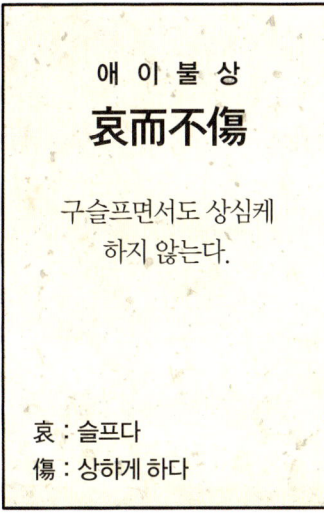

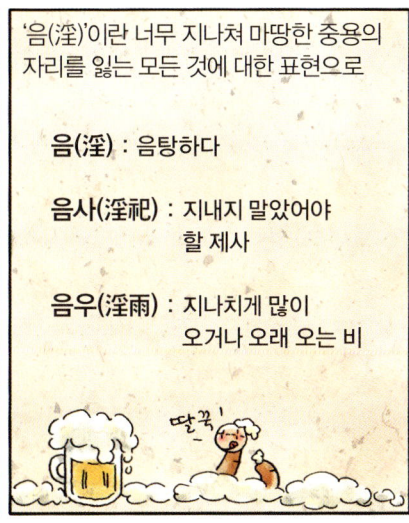

 요점 정리

관저(關雎)   물수리

I.
- 관관저구 關關雎鳩
- 재하지주 在河之洲
- 요조숙녀 窈窕淑女
- 군자호구 君子好逑

의성어
하늘하늘 아득하게 아름다운 모습
사내

흥(興)
시의 형식 중 하나로 주제와 직접 관련은 없지만 자연을 묘사하여 인간의 정감을 자극하는 시의 기교

까옥 까옥 물수리
저 황하의 모래톱에서
하늘하늘 그윽한 저 새악씨
멋진 사내의 좋은 배필

II.
- 참치행채 參差荇菜
- 좌우류지 左右流之
- 요조숙녀 窈窕淑女
- 오매구지 寤寐求之

가지런하지 않게 어긋나 있는 모습
풀 이름 : 마름
나물

봄에 물 위에 떠 있는 수초를 걷어다 반찬으로 무쳐 먹기 위해 가지러 나온 여자를 본 상황

들쑥날쑥 물마름
요리저리 흘러가요
하늘하늘 그윽한 저 새악씨
자나깨나 늘 그리워

사랑의 위대한 순간 : 그리움

III.
- 구지부득 求之不得
- 오매사복 寤寐思服
- 유재유재 悠哉悠哉
- 전전반측 輾轉反側

짙고 그윽하여 끝이 없는 것
잠을 이루지 못하는 모양

그리워도 만질 수 없고
자나깨나 님 생각 사로잡혀
기나긴 이 밤이여
모로바로 엎치락뒤치락

IV.
- 참치행채 參差荇菜
- 좌우채지 左右采之
- 요조숙녀 窈窕淑女
- 금슬유지 琴瑟友之

나물을 건진 것
두 남녀가 만났음을 암시

큰 거문고와 작은 거문고(음양이 맞는 악기)
남녀 간의 두터운 사랑을 표현하는 말로 쓰임
예) 금슬 좋은 부부

들쑥날쑥 물마름
요리저리 뜯고요
하늘하늘 그윽한 저 새악씨
금과 슬을 벗삼아

V.
- 참치행채 參差荇菜
- 좌우모지 左右芼之
- 요조숙녀 窈窕淑女
- 종고락지 鐘鼓樂之

푹 삶아짐
남녀의 사랑이 이루어졌음을 암시

사랑의 환희를 표현한 것

들쑥날쑥 물마름
요리저리 삶고요
하늘하늘 그윽한 저 새악씨
종과 북을 신나게 울리네

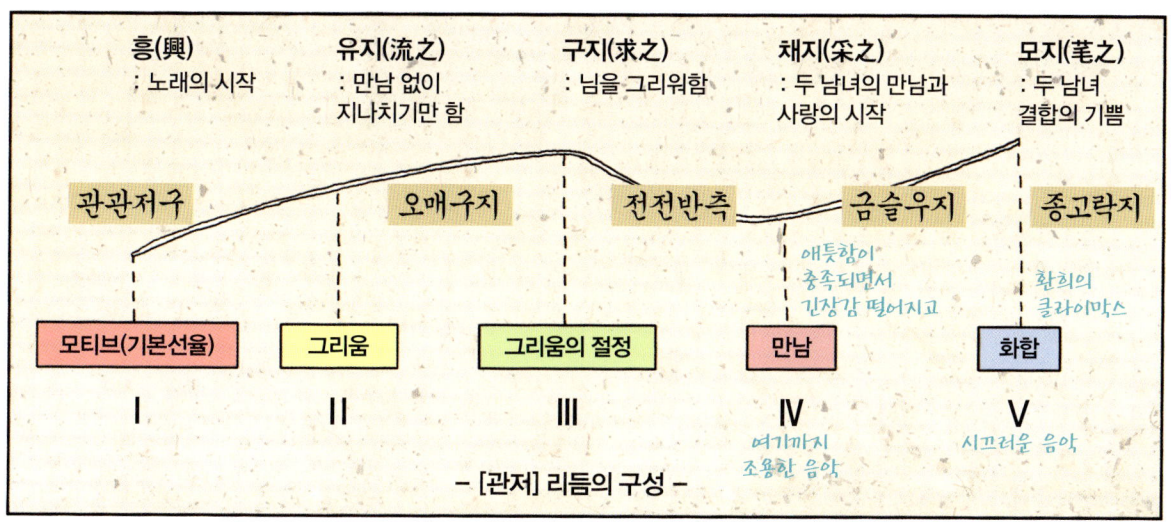

[관저]는 이렇게 노래의 형식만 분석해봐도 완벽한 구성과 전개 형식이 사용되고 있음을 알 수 있습니다.

또한 〈시경〉의 노래들이 갖고 있는 거의 모든 연애의 상징들이 [관저]에 집약적으로 담겨 있죠.

따라서 [관저]는 초기의 소박한 시가 아닌, 후대의 모든 음악적 형식을 종합한 최고의 노래였을 겁니다.

내가 가장 애창했던 노래인 만큼 자신 있게 〈시〉의 첫머리에 올린 거지.

18번 인증!

〈논어〉에는 공자가 [관저]를 말한 적이 또 한번 있고

"[관저] 노래가 끝나는 마지막 부분의 여운이 아직도 내 귀에 쟁쟁하게 가득 차 있도다!"
– [태백] 15

여기서도 공자가 기악곡으로 연주된 그 멜로디를 두고 한 말임을 분명히 알 수 있죠.

'낙이불음, 애이불상'은 훗날 〈중용〉의 중화(中和) 사상으로 발전하는데,

중화(中和)
: 지나치거나 치우치지 않는 상태

손자인 자사에게 공자 예술 사상의 핵심이 전해진 것이죠.

인간의 삶은 이렇게 중화를 이뤄야 하죠.

즐겁지만 음탕하지 않게 푹 삶아졌어도 격이 있게

이렇게 말하고 싶군요. 즐거운 인생을 살자. 그러나 지나친 인간은 되지 말자!

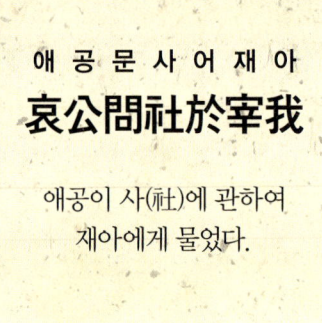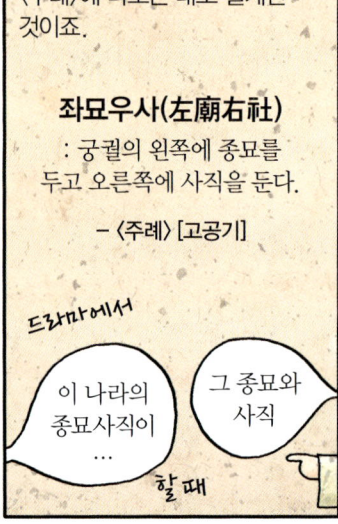

신령스러운 나무와 그 주변의 땅에 담을 둘러 사(社)를 만들었죠.

우리나라의 동네 어귀마다 있던 느티나무들도 그런 역할이었을 겁니다.

재아는 어린 군주 애공의 질문에 아무 생각 없이 삭삭 답변을 해버리죠.

'사(社)'로 삼은 나무는 왕조에 따라 차이가 있습니다. 하왕조는 소나무(松)를, 은왕조는 측백나무(柏)를 썼죠.

주인이율 사민전율
周人以栗 使民戰栗

주나라 사람들이 밤나무를 쓴 것은 백성을 전율케 하려 함이다.

栗 : 밤나무
戰栗(慄) : 두려워 벌벌 떠는 것

현재의 주왕조는 밤나무를 신목(神木)으로 삼고 있는데 그 이유는, 바로 백성을 벌벌 떨게 하기 위해서죠.

도대체 '밤나무'와 '전율'은 무슨 연관성이 있을까요?

그냥, **동음이의어** : 소리는 같지만 뜻이 다른 단어

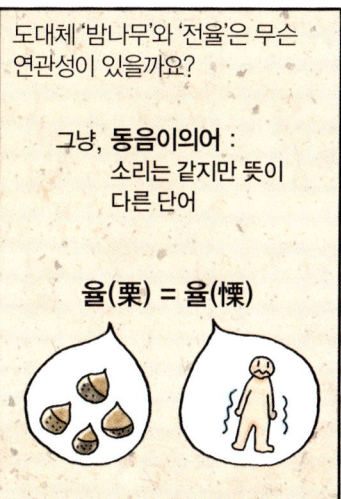
율(栗) = 율(慄)

재여가 말장난을 통해 어린 애공에게 공포 정치를 가르치고 있다고 본 공자는

백성은 이렇게 팍팍 다스려야 합니다.

특히 자신이 이상으로 삼는 주나라의 상징을 전율, 즉 공포로 해석한 것을 용납할 수 없었을 겁니다.

'사'의 나무는 각기 그 땅에 적합한 나무의 종류를 선택하여 심을 뿐이거늘…

성사불설
成事不說

이미 이루어진 일은 다시 말하지 않는다.

쏟아진 물은 주워 담을 수 없다!

수 사 불 간
遂事不諫
끝난 일은 간하지 않는다.

> 끝나버린 일을 이제 와서 내가 왈가왈부하겠는가?

遂 : 끝나다, 마치다
諫 : 잘못을 고치게 하다

기 왕 불 구
既往不咎
이미 지나가버린 일은 탓하지 않는다.

> 이미 지나가버린 과거사를 내가 탓해 무엇하리!!

咎 : 잘못을 꾸짖다

이 세 마디는 제자 재아에 대한 공자의 심한 꾸지람이요, 쓴소리죠.

화가 난다!

쿵쿵쿵…

이 이야기 뒤에 어떤 역사적 사실이나 배경이 깔려 있는지는 잘 모르겠지만

장군!

애공이 즉위한 지 4년째 되던 해 '박사'에 화재가 났다는 기록이 있습니다.

– 〈춘추경〉

박사(亳社) : 은나라의 사. 측백나무의 사직신을 모신 사당

그래서 이 사건 후에 애공이 재아에게 물었다는 설이 있죠.

> 불탄 자리에 새로 어떤 나무를 심어야 할까요?

– 청나라 이돈의 설 –

혹은 재아가 애공에게 삼환을 다시 한 번 제압할 것을 권한 것이고

> 큰 아버지 소공께서 삼환에게 쫓겨나셨는데 원수를 갚으셔야죠.

속닥 속닥

어린 군주가 다칠 것을 걱정한 공자가 재아를 꾸짖은 것으로 보기도 합니다.

> 삼환의 세력들은 어린 군주가 맞설 수 있는 수준이 아니거늘~!

– 청나라 방관욱 설 –

또 다시 불행한 역사가 반복될 수도 있다고 본 거죠.

> 공자는 이미 70세가 넘은 나이였기에, 무리한 정책이 백성의 삶에 미칠 파탄만을 걱정한 것으로 보입니다.

멍군

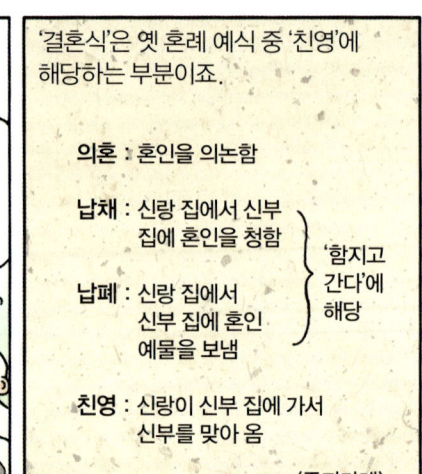

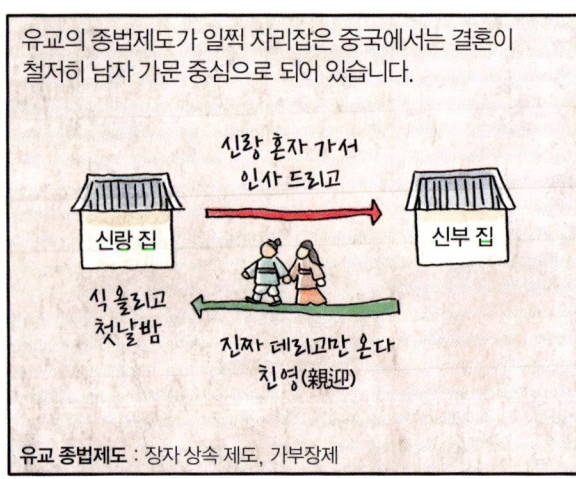

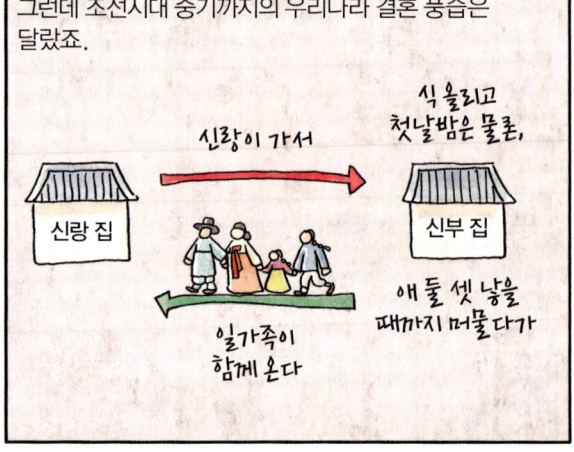

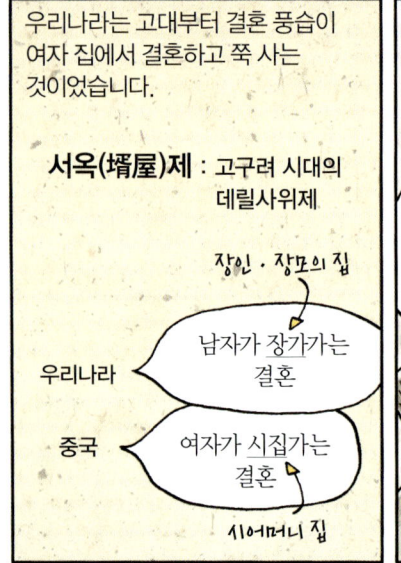

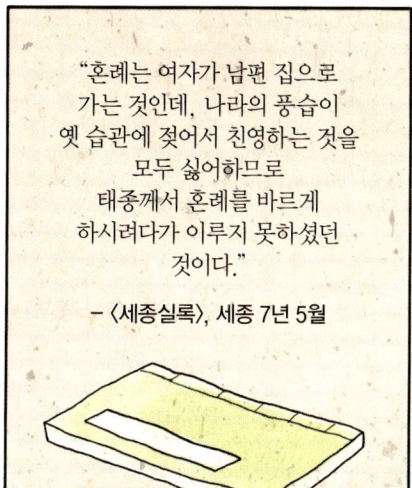

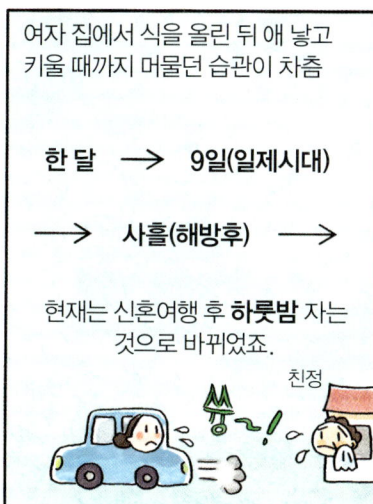

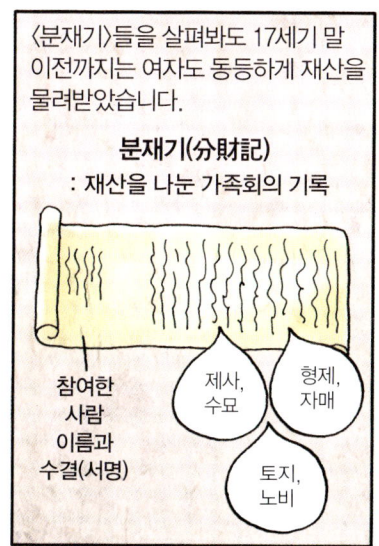

3-22

子曰: "管仲之器小哉!" 或曰: "管仲儉乎?"
자왈　관중지기소재　　　혹왈　　관중검호

공자께서 말씀하셨다.   그러자 어떤 이가 말하였다.

> 관중의 그릇이 작구나!

> 관중은 검소했습니까?

曰: "管氏有三歸, 官事不攝, 焉得儉?" "然則管仲知禮乎?"
왈　관씨유삼귀　관사불섭　언득검　　연즉관중지례호

이에 공자께서 말씀하셨다.

> "관씨는 부인을 셋을 거느렸고, 관의 사무를 부하들에게 겸임시키는 일이 없었으니 어찌 검소했다 말할 수 있겠는가?"

> "그래도 관중은 예를 아는 사람이 아니었을까요?"

曰: "邦君樹塞門, 管氏亦樹塞門. 邦君爲兩君之好,
왈　방군수색문　　관씨역수색문　방군위양군지호

有反坫, 管氏亦有反坫. 管氏而知禮, 孰不知禮?"
유반점　관씨역유반점　관씨이지례　숙부지례

이에 공자께서 말씀하셨다.

> "나라의 임금이래야 나무를 심어 문 안을 가릴 수 있거늘 관씨 또한 나무를 심어 문 안을 가렸고, 나라의 임금이래야 두 임금이 만나는 의전 절차를 위해 대청에 술잔 받침대를 두었거늘 관씨 또한 술잔 받침대를 두었으니, 관씨가 예를 안다고 하면 누가 예를 알지 못한다 하겠는가?"

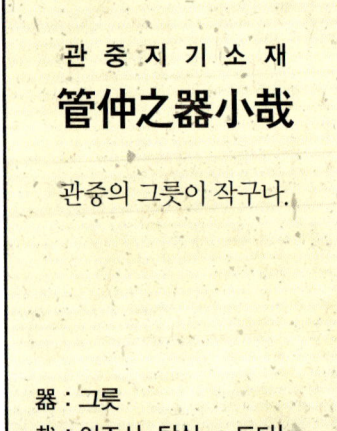

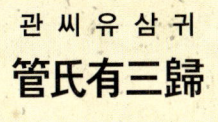

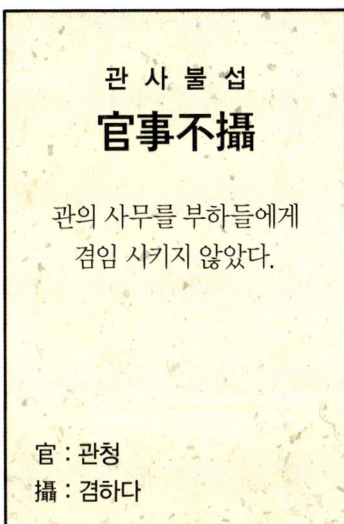

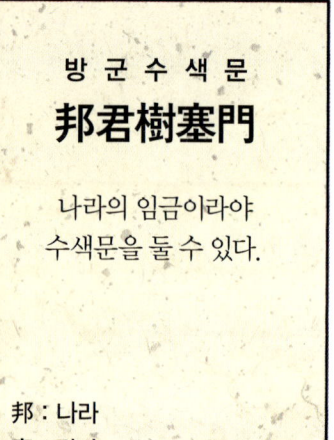

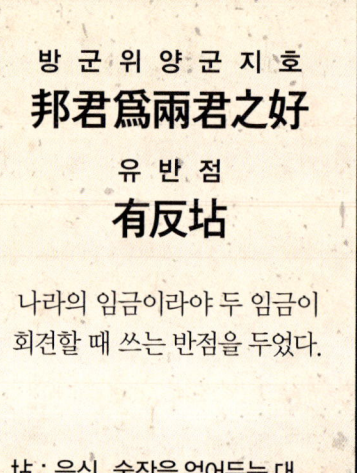

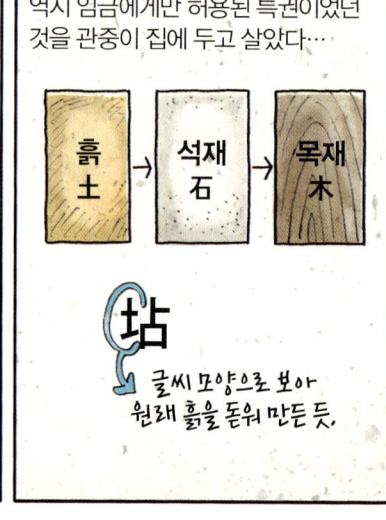

3-23 子語魯大師樂, 曰: "樂其可知也:
자 어 노 태 사 악   왈   악 기 가 지 야

공자께서 노나라의 악관인 태사에게
음악에 관하여 말씀하셨다.

"악곡의 전체 구성은
알 만한 것이다.

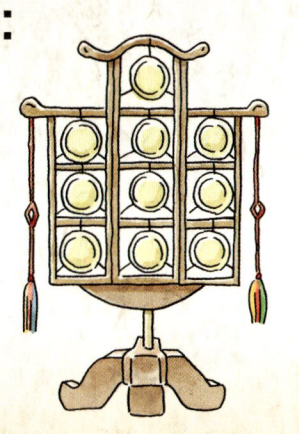

중국에서 들여온 타악기, **운라**(雲鑼)

始作, 翕如也; 從之, 純如也, 皦如也, 繹如也, 以成."
시 작   흡 여 야   종 지   순 여 야   교 여 야   역 여 야   이 성

처음 시작할 때에는 모든 특색이
합하여진 듯 타악기가 주선을 이룬다.
다음에 풀어지면서 순결한 현악기들의 소리가 이어진다.
그러면서 점점 밝아지기 시작하다가 나중에는
연음 형식으로 서로 꼬여 나간다.
그러면서 최종의 완성으로 치닫게 된다."

해석이 어려워 보이는 이 장은 공자가 전문적인 음악 평론을 펼치는 내용입니다.

공자가 얼마나 치열하게 음악을 공부했는지 알 수 있는 일화가 [공자세가]에 나오죠.

노나라는 원래 주나라 천자들의 음악을 보존해왔기 때문에 예악의 수준이 높은 나라였죠.

배우러 왔습니다.

노나라 음악의 최고 권위를 가진 태사 출신의
사양자
(師襄子)

공자가 사양자에게 거문고를 배우는데, 열흘이 지나도록 계속 반복하여 치기만 했답니다.

십 일 부 진
十日不進

제법 잘 치는군.

뚱까당
디리리링~

진도 좀 나가 볼까?

팔일제삼(八佾第三) 223

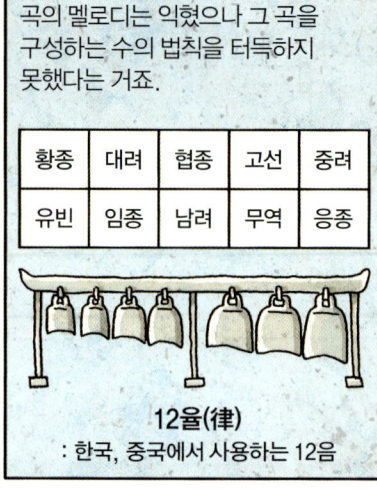
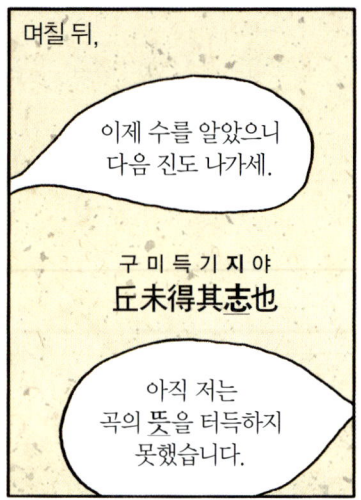

문왕 : 주나라를 건국한 무왕의 아버지

子語魯大師樂
자 어 노 태 사 악

공자께서 노나라의 태사에게 음악에 관하여 말씀하셨다.

大 : 클 태(太)
師 : 악관, 스승

집박(執拍) : 박을 쳐서 음악의 시작과 끝을 알림

樂其可知也
악 기 가 지 야

악곡의 전체 구성은 알 만한 것이다.

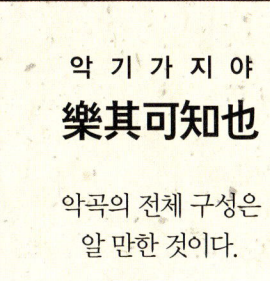

여기서 말하는 '악(樂)'이란 추상적인 음악이나 노래가 아니라, 오늘날의 심포니에 해당하는

심포니(symphony)
: 관현악으로 연주되는 여러 악장 형식의 악곡

관현악으로 편성된 기악곡을 말합니다.

관현악(管絃樂)
: 관악기, 현악기, 타악기를 조화시킨 큰 규모의 합주
= 오케스트라(orchestra)

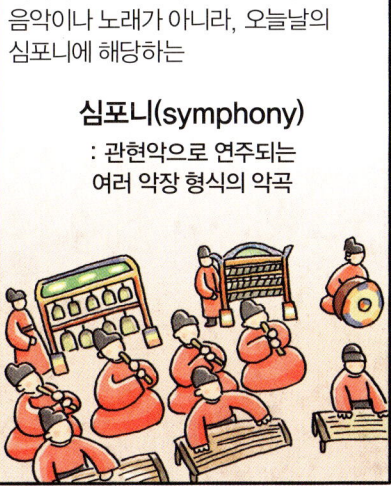

팔일제삼(八佾第三)

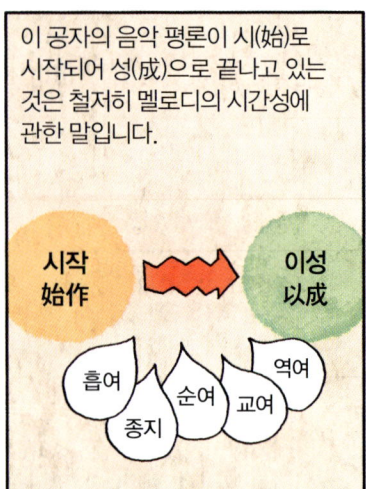

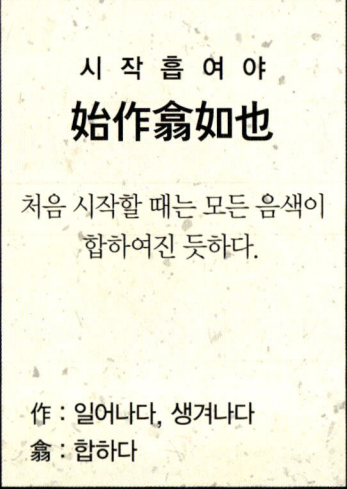

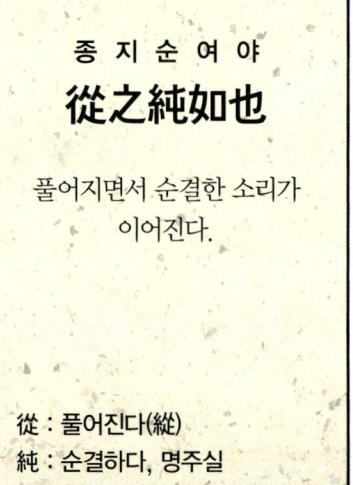

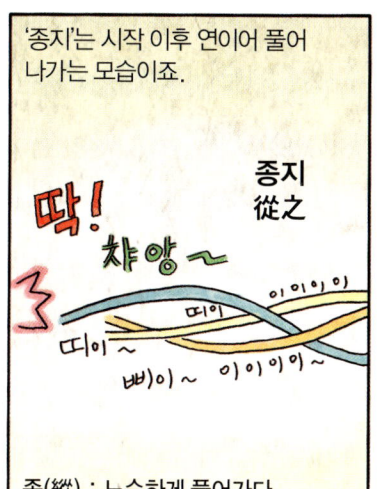
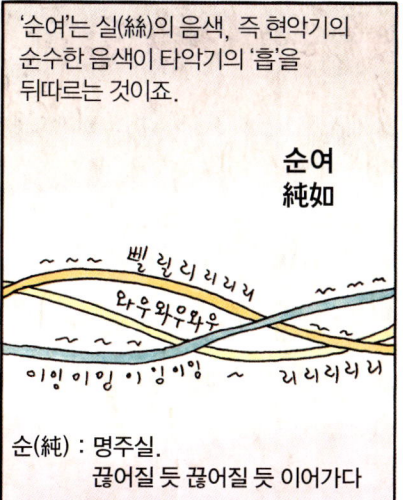
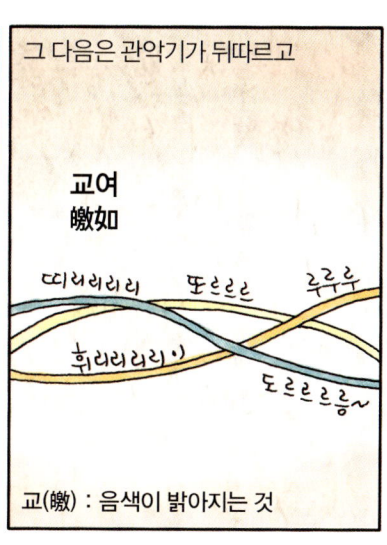
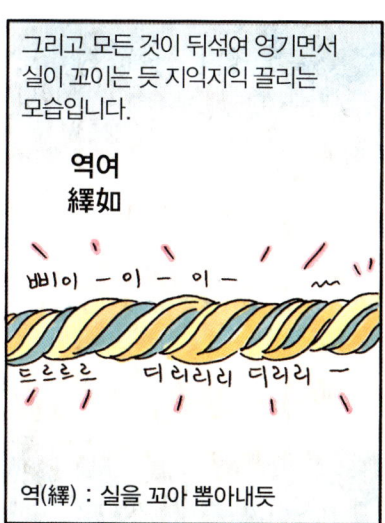
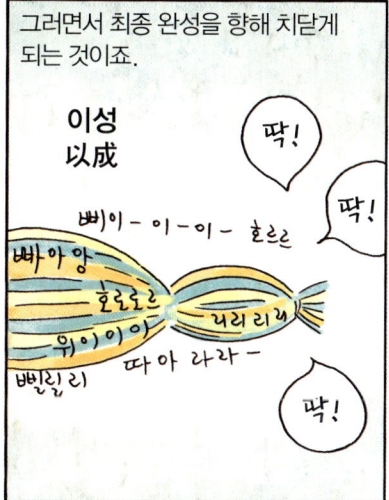

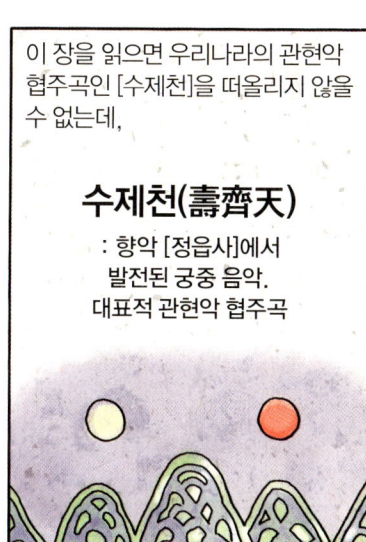
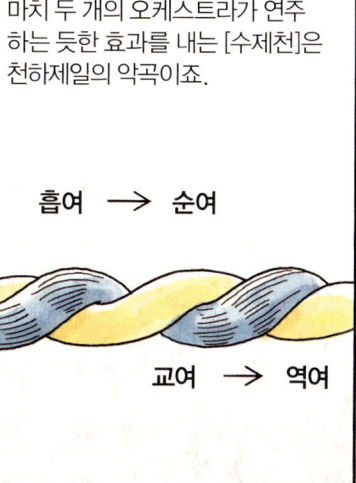

3-24 儀封人請見, 曰:
의 봉 인 청 현   왈

"君子之至於斯也, 吾未嘗不得見也."
군 자 지 지 어 사 야   오 미 상 부 득 현 야

의(儀) 땅의 국경 수비대장이
공자 뵙기를 청하여 말하였다.

"군자께서 이 땅에 이르시면
내 일찍 아니 뵈온 적이 없었다."

從者見之. 出曰: "二三子何患於喪乎?
종 자 현 지   출 왈   이 삼 자 하 환 어 상 호

공자의 시종인들이 뵙게 해주었다.
그가 뵙고 나와서 말했다.

"그대들은 어찌하여
선생께서 지위를 얻지 못하고
유랑하심을 걱정하는가?

天下之無道也久矣, 天將以夫子爲木鐸."
천 하 지 무 도 야 구 의   천 장 이 부 자 위 목 탁

천하에 도가 없은 지 오래되었다.
하늘은 장차 선생님을
목탁으로 삼으실 것이다."

儀封人請見
의 봉 인 청 현

의 땅의 국경 수비대장이 공자 뵙기를 청하였다.

封 : 경계 지역
見 : '뵙다'의 뜻일 때는 '현'으로 읽음

의 땅의 정확한 위치는 알 길이 없지만, 대략 하남성 북부, 위나라의 국경 지역이었을 듯합니다.

위(衛)
노(魯)

봉인(封人)이란, 변방의 관문을 지키는 자를 말하죠.

인천공항 출입국 관리소장쯤?

문경 새재 관문의 수비대장쯤?

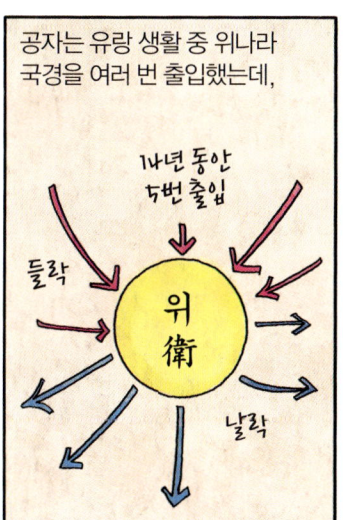

공자는 유랑 생활 중 위나라 국경을 여러 번 출입했는데,

14년 동안 5번 출입
들락 / 날락
위 衛

그 관문의 수비대장이 공자 뵙기를 청한 것이죠.

이곳을 방문한 군자치고 지가 안 뵌 분이 없다아입니꺼!

마, 단독 인터뷰 한번 하입시더!

지방 신문 기자겸

봉인이 긴 인터뷰를 마치고 나왔을 때 제자들이 그를 에워싸니까

二三子
이 삼 자

아그들아…

何患於喪乎
하 환 어 상 호

어찌 선생님께서 지위를 얻지 못하고 유랑하심을 걱정하는가?

患 : 우환, 걱정
喪 : 지위를 잃음

상(喪)이란 공자가 위(位)를 얻지 못하고 유랑하는 애처로운 모습을 말합니다.

느그들은 와 느그 슨생님이 위를 잃으셨다꼬 그래 걱정을 하노?

너무 걱정 말그래이…
찌죄죄…

天下之無道也久矣
천 하 지 무 도 야 구 의

이놈의 인간 세상(天下)에 도가 없어진 지 오래됐다 아이가!

3-25

子謂韶, "盡美矣, 又盡善也."
자 위 소 　진 미 의　우 진 선 야

謂武, "盡美矣, 未盡善也."
위 무　　진 미 의　미 진 선 야

공자께서 소악을 평하시어,
"지극히 아름답고 또한 지극히 좋다."
하셨으며,

무악을 평하시어,
"지극히 아름답지만 지극히 좋지는 못하다."
하셨다.

중국의 두 줄 현악기, **얼후**

소(韶)는 순임금 시대의 대표적 악곡이고,

순임금 시대의 평화적이고 목가적인 분위기
요순시대

무(武)는 무력으로 은나라를 징벌하고 주나라를 세운 무왕 시대의 악곡입니다.

혁명의 열기와 새로운 시작을 의미하는 진보적인 음악
빰빠라

공자가 말한 미와 선의 의미를 정확히 알 수는 없지만

미(美) = 아름다움(?)
선(善) = 착함(?)

이거 아니었을 듯…

소악과 무악은 분명 악기의 편성과 음색이 전혀 달랐을 겁니다.

소악 : 현악기, 관악기
무악 : 타악기, 금속 관악기

우 진 선 야
又盡善也
(소악은) 또한 지극히 좋다.

미 진 선 야
未盡善也
(무악은) 지극히 좋지는 못하다.

전체적으로 소악이 무악보다 점수가 높은 것은 확실한데,

	미	선
소악	100	100
무악	100	80

팔일제삼(八佾第三)

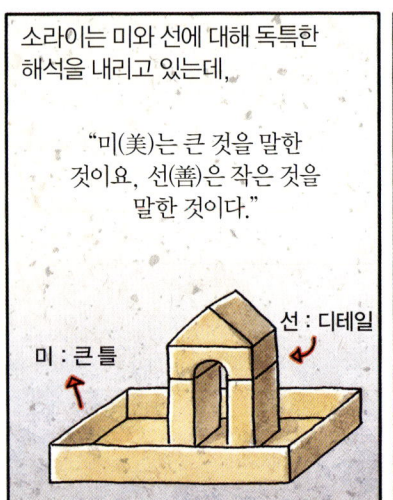

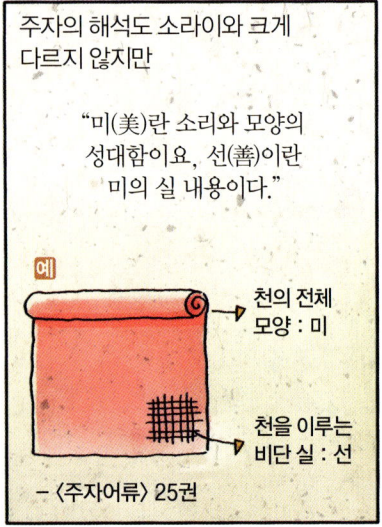

3-26

子曰: "居上不寬, 爲禮不敬, 臨喪不哀,
자왈 　거상불관　　위례불경　　임상불애

吾何以觀之哉?"
오 하 이 관 지 재

공자께서 말씀하셨다. "윗자리에 있으면서 너그럽지 아니하며,
예를 행함에 공경스럽지 아니하며,
상(喪)에 임함에 슬퍼하지 않는다면,
내 그를 무엇으로 평하겠는가?"

거 상 불 관
居上不寬

윗자리에 있으면서
너그럽지 않다.

居 : 있다
寬 : 너그럽다

민주 사회든, 평등 사회든 장유와 상하의 분별은 있게 마련이죠.

권력

장(長)　　상(上)

유(幼)　　하(下)

권력을 가지고 윗자리에 앉은 사람들이 반드시 가져야 할 것은 바로 관용입니다.

관용(寬容) : 남의 잘못을 너그럽게 받아들이고 용서함

법의 관용을 호소합니다.

자신과 다른 입장에 선 사람들의 권리를 인정할 줄도 알아야 하죠.

톨로런스(tolerance)
= 관용, 인정

다른 정치　다른 종교　다른 생각

위 례 불 경
爲禮不敬

예를 행함에 공경스럽지
않다.

敬 : 공경하다, 정중하다

어떤 의식을 행할 때 필요한 것은 겉치레가 아닌 인간에 대한 깊은 경의(敬意)죠.

몸가짐을
조심스럽게…

임상불애
臨喪不哀

상에 임하여
슬퍼하지 않는다.

臨 : 임하다

그리고 인간의 죽음의 예식에 가장
요구되는 것은 슬픔에 대한 공감입니다.

심퍼씨(sympathy)
= 공감, 동정

오 하 이 관 지 재
吾何以觀之哉

내 그를 무엇으로
평가하겠는가!

觀 : 보다, 평가하다

이것은 아마도 공자 자신이 벼슬에 있을 때 부하 관료들을 평가했던

> 윗자리에 앉아서 관용도 없고, 공경된 마음 없이 허례허식이나 하고, 남의 슬픔에 동정조차 하지 않는다면,

인사 관리 철학의 고백이 아닐까요?

> 이렇게 중요한 인간의 세 측면을 실천하지 못하는 인간이라면, 내 그를 무엇으로 평가하리오!

주자도 말합니다.

> "윗자리에 있을 때는 너그러움을, 예(禮)를 행함에는 경(敬)을, 상(喪)에 임할 때는 애(哀)를 근본으로 삼아야 한다. 이미 그 근본이 사라졌다면, 무엇으로써 한 인간의 행위의 득실을 평가하겠는가?"

관용 / 공경 / 공감

> 본격적인 음악 평론이 두 번 나온 후, 예의 근본을 강조하며 [팔일]편이 마무리되었습니다.

음악 평론
23 25 26
         └ 예의 근본

본편이 전체적으로 예에 관한 내용인데, 공자의 전문적인 음악 평론을 배치해 예의 내용을 풍요롭게 만든 편집자의 의도가 엿보입니다.

> 예악의 달인, 공자의 모습을 잘 보셨나요?

> 예를 행하는 데 있어 공경한 태도와 진실한 마음가짐이 형식보다 더 중요하다는 공자님 말씀을 끝으로 [팔일제삼] 편을 마칩니다.

[이인제사]
커밍 쑨

논어해석사(論語解釋史)

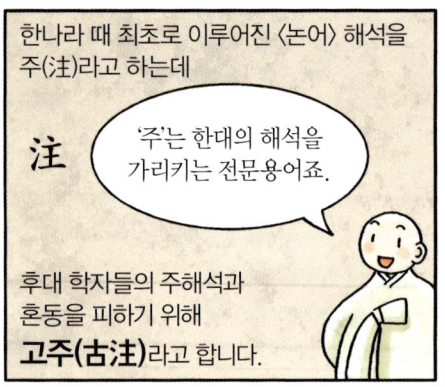

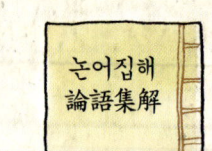

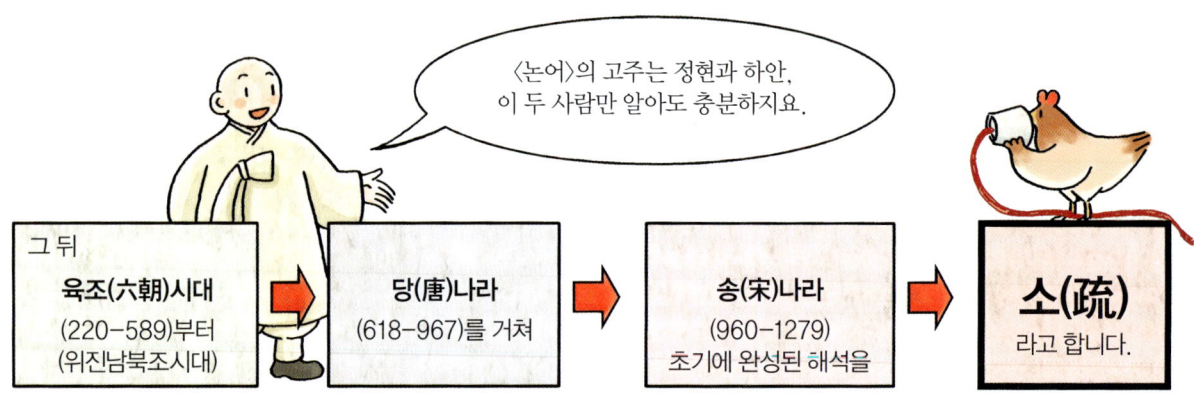

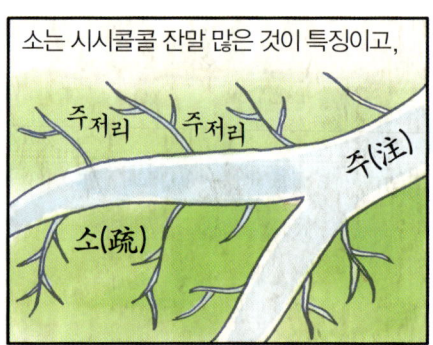

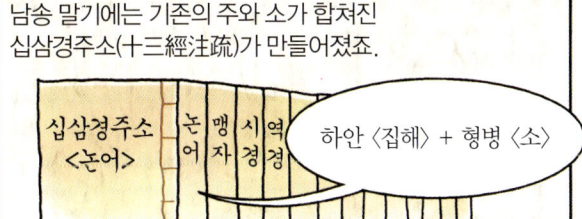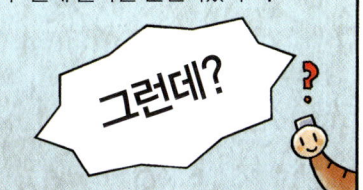

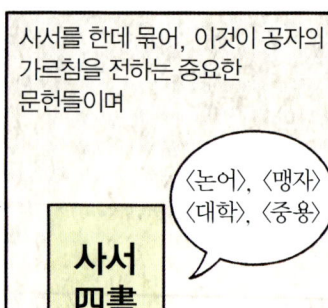

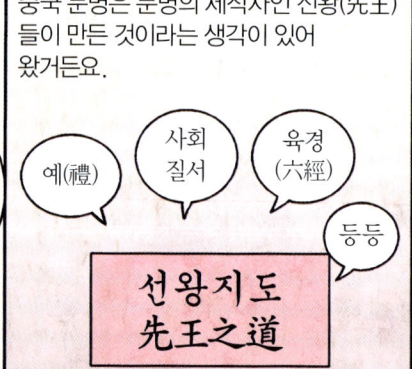
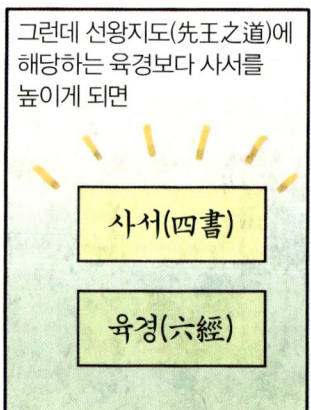
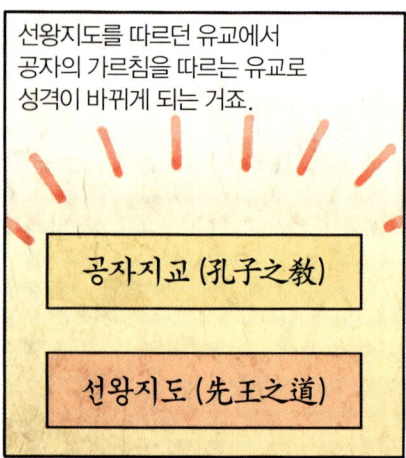
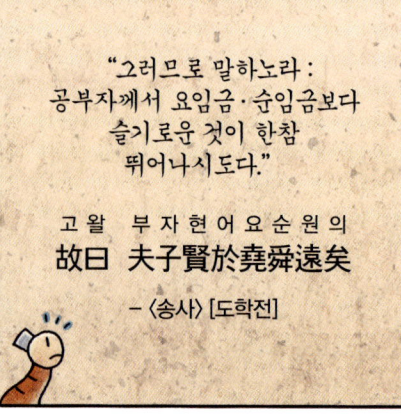

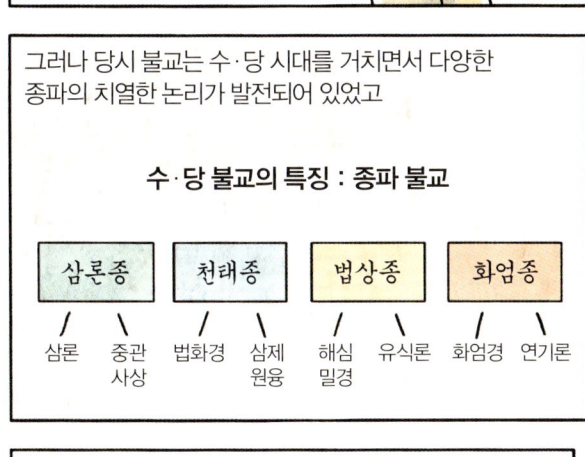

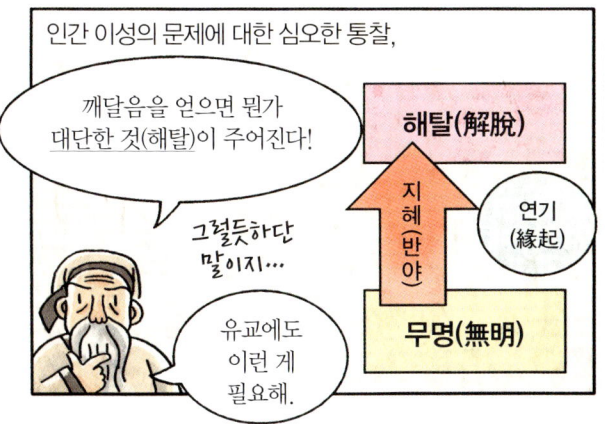

불교처럼 심오하면서도 재미있고

지적 호기심을 일으키는 삶의 맛이 필요해…

중국 불교에 있어 소승 불교보다 중국에 맞는 대승 불교가 대세가 된 것처럼 유교도 그럴 필요가 있었죠.

소승 계율 불교

청년 싯달타

소승 불교는 역사적 인물 싯달타가 깨달은 도리를 소박하게 따르면서 정진하는 생활을 합니다.

계율이 가장 중심이 되었지요.

하루에 딱 한 번만 걸식한다.

우르르…

대승 교학 불교

그러나 대승 불교가 되면 역사적 싯달타는 중요치 않게 되고, 그의 가르침을 해석하는 각종 논(論)이 중요하게 됩니다.

중론

백론

십이문론

성불 성불

모든 관심이 스스로 자각하여 부처가 되는 것에 모아지며

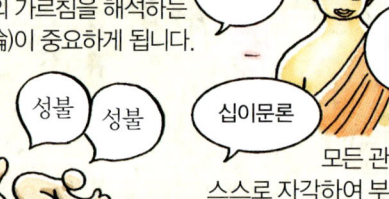

부처는 법신이 되고

법신 法身

우주의 보편적 진리가 되어

불법 佛法

결론은…

내가 곧 부처다!

이렇게 됩니다.

원시 유학

원시 유학에서는 공자의 말씀과 함께 **예**가 가장 중시되었죠.

禮

인간 공자보다는 시공을 초월하는 보편적 가르침!

그런데 소승 유학(원시 유학)에서 대승 유학으로 가려면 '예악'을 뛰어넘을 것이 필요했어요.

대승 유학 (도학道學)

하늘의 이치

道

공자의 가르침을 '하늘에서 내려온 보편적 진리=(도)'로 받아들이면

공자는 이러한 도를 실현한 성인이 되는 거죠.

선왕(先王) 문선왕 文宣王

또한 불교에서 '성불'하듯 누구나 '성인'이 될 수 있다 하여 유학은 **위성의 학문(爲聖之學)**이 되고, 남에게 보이기 위한 학문, 위인지학(爲人之學)이 아닌 **자신의 수양을 위한 학문, 위기지학(爲己之學)**이 됩니다.

공자왈…

공부해서 성인이 되자…

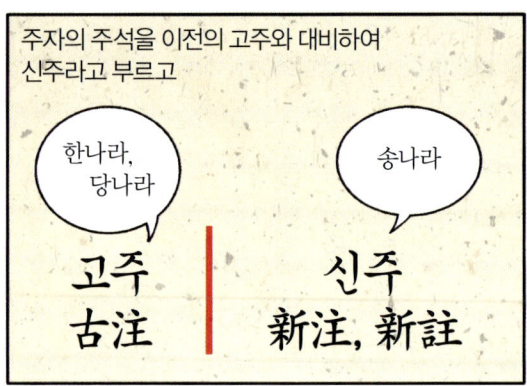
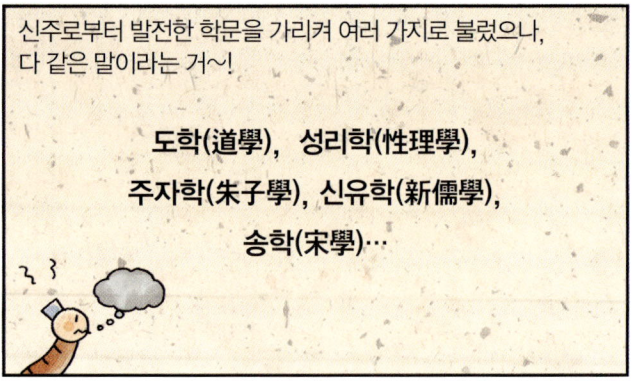

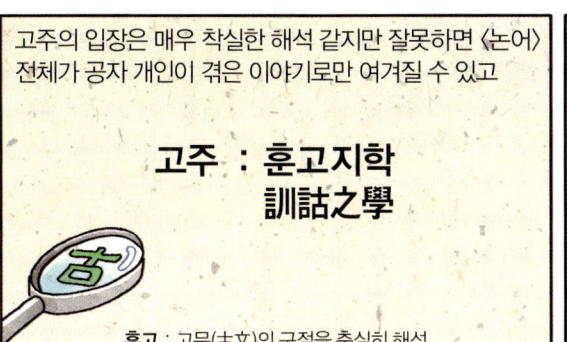
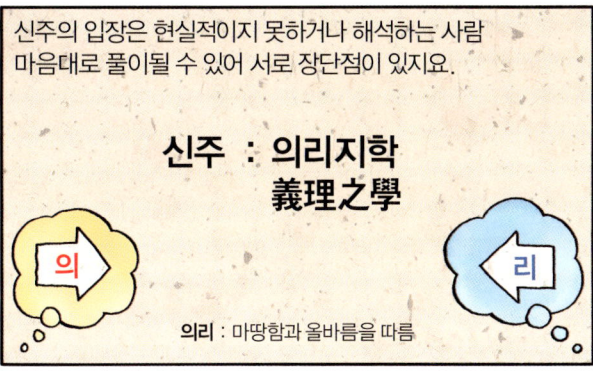

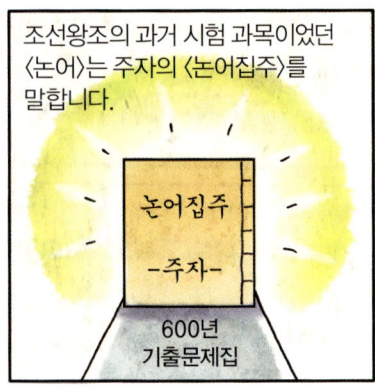

논어집주서설
(論語集註序說)

'예수의 생애' 하면 떠오르는 주요 장면들이 있죠.

그런데 '공자의 생애' 하면 어떤 그림이나 장면이 떠오르나요?

우리는 공자의 삶에 대해 아는 것이 너무 적습니다.

조선의 유학자들에게 있어 〈논어〉는 〈주자가 해석한 논어〉를 의미했죠.

주자
논어집주
論語集註

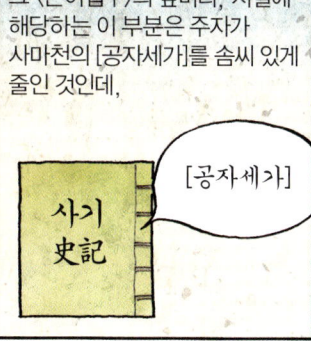

그 〈논어집주〉의 앞머리, 서설에 해당하는 이 부분은 주자가 사마천의 [공자세가]를 솜씨 있게 줄인 것인데,

사기 史記
[공자세가]

서설 전체에 주자 자신의 의견은 한 구절도 넣지 않고 공자의 일대기를 깔끔하게 구성했답니다.

정공 9년(BC 501)은 공자의 나이 51세였다.
공산불뉴가 비읍을 근거로 하여 계씨에게 반기를 들었다.
그리고 공자보고 가담하라고 꾀었다. 공자는 가고 싶어했으나 끝내 가지 않았다.

정공이 공자를 중도(中都)의 읍재로 삼았다. 일 년 만에 그 읍이 성하여 사방에서 본받았다.
그리하여 마침내 공자는 사공(司空)이 되고, 또 대사구(大司寇)가 되었다.

정공 10년(BC 500), 공자가 정공을 도와 제나라 군주, 경공과 협곡에서 회맹하였다.
그 외교적 성과로 제나라 사람들은 노나라에서 침략한 땅을 되돌려주었다.

정공 12년(BC498), 공자는 중유(자로)로 하여금 계씨의 가신이 되게 하여
삼환의 도읍의 성벽을 허물게 하고, 갑옷과 병기를 거두게 하였다.
유독 맹손씨 집안에서는 성(成) 땅의 성벽을 허무는 것에 저항하였다.
정공은 성 땅을 포위하고 공격을 시도하였으나 끝내 함락시키지 못하였다.

정공 14년(BC 496)은 공자의 나이 56세였다. 대사구로서 노나라 최고 정승의 일을 대신 맡아 보았다.
얼마 후 공자는 소정묘의 죄를 물어 죽이고, 국정에 친히 참여하였다.
그런 지 3개월 만에 노나라는 크게 다스려지고 질서가 잡혔다.

이에 제나라는 음모를 꾸미어 어여쁜 여인들과 악단을 보내어 노나라 기강을 흩뜨리려 하였다.

어리석게도 계환자가 이를 수용하였고, 또 교제를 지내고도
제사 지낸 고기를 대부들에게 나누어주는 의례도 갖추지 않았다.

공자는 개탄하며 노나라를 떠날 수밖에 없었다.

공자는 먼저 위(衛)나라로 가서, 자로의 처형인 안탁추의 집에 머물렀다. 그리고 위를 떠나 진(陳)나라로 가는 길에 광(匡) 땅을 지나게 되었다. 광 땅의 사람들이 공자를 양호로 착각하여 공자 일행을 잡아 가두었다.

풀려난 공자는 다시 위나라로 돌아와 이번에는 거백옥의 집에 거점을 정하였다. 이때 남자(南子)*를 만나는 사건이 있었다. (*남자: 위령공의 부인)

공자가 다시 위나라를 떠나 송(宋)나라로 갔다. 그런데 송나라의 사마(司馬)인 환퇴가 공자를 죽이려고 하였다. 그래서 또다시 정(鄭)을 거쳐 진(陳)나라로 갔다.

진나라에서는 사성정자의 집에 머물렀다. 공자는 진나라에서 3년을 머물고 또다시 위나라로 돌아왔다. 그러나 위령공은 늙고 태만하여 공자를 기용할 수가 없었다.

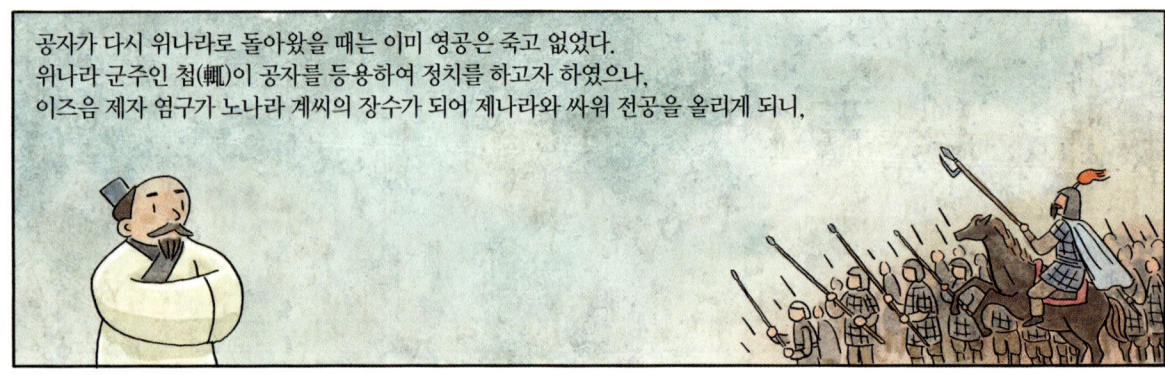

그러나 노나라는 끝내 공자를 등용치 못했다. 공자 역시 이제는 더 이상 벼슬을 구하지 않았다.
그리고 〈서전〉과 〈예기〉를 정리하였고, 〈시〉를 다듬었고, 악(樂)을 바르게 하였으며,
〈역(易)〉의 단전·계사·상전·설괘·문언을 서술하였다.

제자가 대략 3천 명에 이르렀고, 그중 몸에 육예(六藝)를 달통한 자가 72인이었다.

애공 14년(BC 481)에, 노나라 서쪽에서는 기린이 잡혀 죽는 상서롭지 못한 일이 일어났다.
공자는 이때 〈춘추〉를 지었다.

신유년에 애제자 자로가 위(衛)나라에서 죽었다.
애공 16년(BC 479) 4월 18일 공자는 생애를 마치었다.
나이 일흔셋이었다.

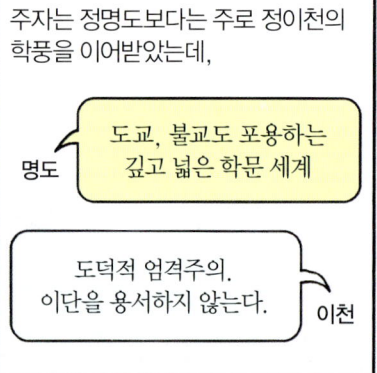

정자(程子)가 말하였다.
"〈논어〉라는 책은 유자(有子)와 증자(曾子)의 문인에게서 이루어졌다.
그러므로 〈논어〉 속에서 많은 제자가 있어도 유독 이 두 사람만을 선생님(子)으로 불렀다."

정자가 말하였다.
"〈논어〉를 읽으매, 어떤 자는 읽고 나서도 아무 일이 없었던 것과도 같다.
어떤 자는 읽고 나서 그중의 한두 구절을 깨닫고 기뻐한다. 또 어떤 자는 읽고 나서 참으로 배움을
즐기는 경지에 오르는 자도 있다. 그런데 어떤 이는 읽고 나서 곧바로 자기도 모르게 손으로 춤을
추고 기뻐 발을 구르는 자도 있다."

정자가 말하였다.
"요새 사람들은 책을 읽을 줄 모른다. 〈논어〉를 읽으매, 읽기 전에 '이런 놈'이었는데,
읽은 후에도 '이런 놈'일 뿐이라면, 그 사람은 전혀 〈논어〉를 읽은 자가 아니다."

정자가 말하였다.
"나 이천은 17, 18세 때부터 〈논어〉를 읽기 시작했는데, 당시에도 이미 글월의 뜻은 알아차릴 수 있었다.
읽기를 오래할수록 그 문의(文意)의 맛이 점점 더 깊어지고 영원해지는 것을 느낄 수 있었다."

정자의 독백으로
주자의 서설은
끝이 납니다.

논어집주서설(論語集註序說)

도올만화논어 2

2013년 11월 3일 초판발행
2020년 6월 10일 1판 2쇄

지은이 · 보현
펴낸이 · 남호섭
편집책임 · 김인혜
디자인 · 권진영
채색 · 안승희 박진숙
편집·제작 · 오성룡 임진권 신수기
펴낸곳 · 통나무

주소 · 서울 종로구 동숭동 199-27
전화 · (02) 744-7992
팩스 · (02) 762-8520
출판등록 · 1989.11.3. 제1-970호
값 · 12,900원

ⓒ Bo-Hyon, 2013

ISBN 978-89-8264-502-0
ISBN 978-89-8264-500-6 (전5권)